KB151540

술술 만드는
영어설교제목

술술 만드는

영어 설교 제목

김 복 희 지음

한국문화사

술술만드는 영어 설교 제목

1판1쇄 발행 2015년 11월 25일

지 은 이   김 복 희
펴 낸 이   김 진 수
펴 낸 곳   **한국문화사**
등   록   1991년 11월 9일 제2-1276호
주   소   서울특별시 성동구 광나루로 130 서울숲IT캐슬 1310호
전   화   02-464-7708
전   송   02-499-0846
이 메 일   hkm7708@hanmail.net
홈페이지   www.hankookmunhwasa.co.kr

Copyright ⓒ 김 복 희
사진·삽화 김 복 희

책값은 뒤표지에 있습니다.

잘못된 책은 바꾸어 드립니다.
이 책의 내용은 저작권법에 따라 보호받고 있습니다.

ISBN 978-89-6817-301-1 93740

이 도서의 국립중앙도서관 출판예정도서목록(CIP)은 서지정보유통지원시스템
홈페이지(http://seoji.nl.go.kr)와 국가자료공동목록시스템(http://www.nl.go.kr/kolisnet)에서
이용하실 수 있습니다.(CIP제어번호: CIP2015030525)

1. NIV영어성경을 주로 하고 NIV에서 분명하게 되어 있지 않은 것은 NLT version을 참고하였다.

2. NIV영어성경에 나온 것은 그대로 쓰고 없는 것은 그냥 영작하였다.

3. 약자표기는 다음과 같다.

    n 또는 N: 명사   v 또는 V: 동사
    a: 형용사   ad: 부사
    S: 주어   O: 목적어
    R: 동사의 원형   s: 명사의 단수형
    pl: 명사의 복수형   prep: 전치사

『술술풀어가는 영어성경영문법』 시리즈가 마태복음(2008), 요한복음(2011), 옥중서신(2012), 마가복음(2013), 야고보서·베드로전후서(2014), 로마서(2015)까지 총6권이 출간되었다. 중간에 『교회실용영어』(2010)도 출간되었다. 이 시리즈를 통해서 신학을 공부하는 신학도와 크리스천은 성경내용을 바탕으로 그동안 어렵다고 여겼던 영문법을 어느 정도 마스터했으리라고 생각한다. 기본 영문법을 마스터했다면 마스터한 그 영문법을 실용회화나 실용작문에 활용해야한다. 필자는 신학대학교에서 20년 가까이 영어를 가르치면서 항상 신학도들의 영어실력 향상을 위해 고심해왔다. 영문법이 어느 정도 완성된 신학도는 이제부터 영어작문을 연습해야 될 때가 온 것이라는 생각이 들었다. 주일마다 주보에 실리는 설교제목을 영어로 바꾸는 훈련을 통해서 그들의 영어작문 실력을 향상시킬 수 있을 것이라는 아이디어가 떠올랐다. 그리하여 몇 년 동안 설교제목들을 집중적으로 모아서 분류작업과 분석작업을 거쳐서 나온 책이 바로 『술술만드는 영어설교제목』 (2015)이다.

영어작문을 잘 하려면 영문법 기초를 완벽하게 마스터한 후 쉬운 문장부터 꾸준한 연습을 거쳐야한다. 설교제목은 아주 짧은 것부터 조금 긴 것까지 다양하다. 영어설교제목을 만들기 위해서 평소 한국인에게 조금 어렵다고 생각되는 전치사 of의 용법부터 집중적으로 분석 연구하였다. of에 대한 집중 연구 다음부터는 내용에 따른 문장의 종류, 즉 평서문, 명령문, 의문문 등의 순서부터 시작해서 일반적인 평범한 문법 중심으로 되어 있다. NIV version의 영어문장이 쉽게 이해되지 않을 경우에는 NLT version의 좀 더 쉬운 문장을 보여주고 보다 더 쉽게 이해할 수 있게 하였다.

이 책의 구성은 다음과 같다.

1. 우리말 설교제목과 영어설교제목을 제시하였다.
2. 단어와 숙어를 제시하였으며 보다 쉽게 이해시키기 위해서 불규칙 동사의 경우, 그 동사의 원형(R)과 과거형(p)과 과거분사형(p.p.)을 밝혀두었다.
3. 해설을 달아 내용을 이해하기 쉽게 하였다.
4. 직역이 필요한 곳에는 해설 뒤에 직역을 첨부하여 내용을 보다 더 쉽게 파악하여 영작하는 데에 도움이 되게 하였다.
5. 성경해설이 필요한 곳에는 성경해설을 덧붙였다.
6. 필자가 이스라엘, 터키, 그리스, 스페인, 포르투갈, 영국, 미국, 캐나다, 서유럽, 동유럽 등 성지순례 또는 여행 때 직접 찍은 사진이나 직접 그린 그림을 관련된 부분에 첨부하여 지루하지 않게 하였다.

이 책을 통해서 목사님을 포함한 모든 크리스천들이 영어작문의 기초를 튼튼히 하고 그 기초를 바탕으로 심화된 영어작문에 능통할 수 있다면, 그리하여 세계의 모든 사역현장에서 예수님의 지상명령인 복음전파에 성공한다면 필자의 기쁨은 더할 나위 없을 것이다. 책을 끝내고 보니 무엇인가 빠진 부분이나 부족한 설명이나 잘못돼 있는 부분도 있을 것이라고 생각된다. 이러한 문제점들은 독자들의 지적과 비판을 참고로 빠른 시일 내에 수정 보완할 수 있었으면 좋겠다.

이 책의 출판을 허락해 주신 한국문화사 김진수 사장님과 김정희 실장님께 깊은 감사를 드리며 책이 나오기까지 성실하게 도와주신 김태균 이사님과 편집부의 모든 직원들에게 심심한 감사를 표한다. 원고를 읽어 주고 코멘트를 아끼지 않은 경민과 소형에게 고마움을 전하며 항상 기도로 힘을 주신 어머니, 언니와 동생 그리고 미국에 있는 조카들에게 이 책을 바친다.

2015년 11월
학산 연구실에서
김 복 희

술술 만드는 영어 설교 제목

01

of의 정체를 파악하자

1. 전치사 of는 중요기능어이다.

2. 소유, 소속, 행위자의 '~의' 뜻으로 쓰인다.

1-1. 보통명사나 고유명사일 경우 소유격은 그 명사에 's를 붙인다.

1) 언니의 보살핌 elder sister's care

2) 아브라함의 순종 Abraham's obedience

3) 아버지의 사랑 Father's love (눅15:25-32)

4) 사도바울의 가시 (고후12:7-10) Saint Paul' s thorn

5) 지도자의 삶 (신1:10-15) a leader's life

6) 빌라도의 오판 (마27:11-18) Pilate's mistrial

   해설 trial 심판↔mistrial 오판

7) 바울의 기도 (엡1:15-23) Paul's prayer

8) 엘리사의 체험 (왕하6:14-19) Elisha's experience

9) 그 소녀의 스마트폰 The girl's smartphone

10) 한나의 신앙 (삼상1:10-11) Hanna's faith

11) 다니엘의 기도 (단6:10) Daniel's prayer

💣 단어의 끝부분이 -s로 끝나면 '만 붙인다.

1) 백부장 고넬료의 신앙 (행10:1-43) centurion Cornelius' faith

2) 모세의 기도 (시90:1-17) Moses' prayer

〈시내산〉

3) 예수님의 마음 (마18:1-14) Jesus' mind

4) 예수님의 소원 (눅12:49) Jesus' hope

5) 부모의 책임 (엡6:1-4) parents' responsibility

1-2. N + of + N (무생물)의 형태

무생물의 소유격: 그냥 소유격은 소유격의 형태를 쓰거나 's를 쓰면 되지만 무생물일 경우에는 's를 쓰지 못하고 전치사 of를 사용한다. 이때 of 이하는 바로 앞의 명사를 꾸며주는 형용사구이다. 뒤에서 꾸며줄 경우에는 명사 앞에 정관사 the를 붙인다.

예1 나의 다리: my legs (o) / 책상의 다리: the desk's legs (x) / the legs of the desk (o) (책상은 무생물이므로 the desk's legs로 쓸 수 없다!)

예2 the disease of plants 식물의 질병

예3 The Tower of London 런던탑

〈런던탑〉

◆예외: 특히 신문영어에서는 무생물에도 가끔 's가 쓰인다: today's newspaper (오늘 신문) / today's menu (오늘의 메뉴) / four hours' delay (4시간의 연착) / government's policy (정부의 정책) / Korea's history (한국의 역사) etc.

1-3. 주격의 of

주격관계를 나타내는 of: 주격관계이므로 of 이하를 '~가, ~이'로 번역한다.

① 작품의 저자, 동작의 행위자의 뜻: [~가, ~이, ~의]
• the works of Milton (밀튼의 작품)(밀튼이 쓴 작품)
• works of Shakespeare (셰익스피어의 작품)(셰익스피어가 쓴 작품)
• the stories of Poe (포우의 단편소설)(포우가 쓴 단편소설)
• the love of God (하나님의 사랑)(하나님이 우리를 사랑하심)(God's love로 쓸 수도 있다.)
• the rise of the sun (태양이 떠오름)(일출)(태양이 솟아오름)
• the gift of room number 7 (7번방의 선물)=7번방이 주는 선물=the gift that room number 7 gives us
• keep out of reach of children 어린이의 손이 미치지 않는 곳에 두시오.
(뒤에 있는 of는 어린이가 손을 내밀다이므로 주격의 of)

단어 및 숙어 out of ~의 범위 밖에, ~의 범위를 넘어, ~이 미치지 않는 곳에, out of reach 손이 미치지 않는 곳에

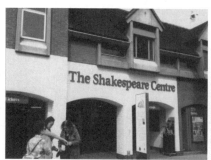

〈셰익스피어 생가〉

② It is + 형용사(사람의 성격, 성질을 나타내는) + of + (대)명사 + to R

- It은 가주어이므로 해석하지 않는다.
- of+대명사를 의미상의 주어로 해석한다.
- to이하가 진주어이다.
- of 다음의 대명사는 목적격이 온다.
- 성격, 성질을 나타내는 형용사: kind(친절한), careful(조심성 있는), careless(부주의한), foolish(어리석은), good(선한), clever(영리한), nice(멋진), polite(공손한), rude(무례한), cruel(잔인한) wise(현명한)

예문1 It is kind of you to say so. (그렇게 말씀해주시다니 당신은 친절하시군요.)

예문2 It was foolish of me to do like that. (그렇게 행동하다니 나는 어리석었어요.)

예문3 It was careless of her to say like that. (그렇게 말하다니 그녀는 부주의했어요.)

예문4 It is very cruel of you to do such a thing. (그런 일을 하시는 것을 보니 당신은 매우 잔인하시군요.)

1. 주님의 날 The day of the Lord

해설 "주님이 오시는 날"이므로 주격의 of이다.

2. 하나님의 참된 은혜 the true grace of God

> **해설** 하나님이 우리에게 주시는 참된 은혜=the true grace that God gives us이므로 주격의 of이다.

3. 하나님의 바로 그 말씀 the very words of God

> **해설** 하나님이 우리에게 하신 바로 그 말씀=the very words that God told us이므로 주격의 of이다.

4. 하나님의 진실한 은혜 the true grace of God

> **해설** 하나님이 보여주시는 진실한 은혜 the true grace that God shows us이므로 주격의 of이다.

5. 성령의 열매 (빌4:4-7) the fruit of the Holy Spirit

> **해설** 성령이 주시는 열매=the fruit that the Holy Spirit gives us이므로 주격의 of이다.

6. 눈물의 축복 (요11:32-35) the blessing of tears

> **해설** 눈물이 주는 축복=the blessings that tears give us이므로 주격의 of이다.

〈눈물교회 on Mt. Olive〉

7. 기도의 힘 (행12:5-10) the power of a prayer

> 해설 기도가 주는 힘 the power that prayer gives us이므로 주격의 of이다.

8. 예수님의 비유들 (마13:51-52) The parables of Jesus

> 해설 예수님께서 주시는 비유들 the parables that Jesus gives us이므로 주격의 of
> 이다.

9. 십자가의 도 (고전1:18) the message of the cross

> 해설 십자가가 주는 메시지 the message that the cross gives us이므로 주격의 of
> 이다.

10. 예수님의 죽음 (눅23:44-56) 1) Jesus' death 2) the death of Jesus

> 해설 예수님이 죽으심 Jesus died이므로 주격의 of이다.

〈갈보리산 위에 있는 성전교회〉

11. 성령의 노래 (삼하8:15-18)(엡2:18-22)(막6:53-56) **the song of the Holy Spirit**

> **해설** 성령을 노래함, 즉 성령이 부르는 노래, 주격의 of도 되고 목적격의 of도 된다.

12. 고난의 유익 (시119:71)(롬5:3-4) **the goodness of the affliction**

> **해설** 고난이 주는 유익 the goodness that the affliction gives us이므로 주격의 of 이다.
>
> **성경해설** 고난당한 것이 내게 유익이라 내가 주의 율례를 배우게 되었나이다.(It was good for me to be afflicted so that I might learn your decrees.)(시 119:71-72)

13. 하나님의 사랑 (롬8:31-39)(시27:10) **the love of God**

> **해설** 하나님이 우리를 사랑하심, 주격의 of이다. 하나님을 사랑하므로 목적격의 of 도 된다.

14. 의인과 악인의 삶 (시1:106) **the lives of righteous man and unrighteous man**

> **단어 및 숙어** righteous 형용사 정의로운, 의로운↔unrighteous 형용사 정의롭지 못한
>
> **해설** 의인이 살아온 삶과 악인이 살아온 삶이므로 주격의 of이다.

15. 재림의 징조 (마24:308) **the sign of the second coming**

> **해설** 재림이 온다는 징표이므로 주격의 of이다. / 재림을 나타내는 징조이므로 목적격 of도 된다.

16. 버려진 자의 은혜 (욥2:7-10) **the grace of deserted person**

> **단어 및 숙어** desert 동사 버리다 / deserted 형용사 버림받은
>
> **해설** 버림받은 자가 받는 은혜이므로 주격의 of이다.

17. 현대인의 스트레스 (사40:27-31) the stress of modern men

> **해설** 현대인이 지니고 있는 스트레스이므로 주격의 of이다.

18. 예수님의 순종 (요6:37-40) the obedience of Jesus

> **단어 및 숙어** obey 【동사】 복종하다, 순종하다 / obedience 【명사】 복종, 순종
> **해설** 예수님이 순종하심이므로 주격의 of이다.

19. 재난의 징조 (마24:4-14) the sign of disaster

> **해설** 재난이 일어난다는 징조이므로 주격의 of이다. / 재난을 나타내는 징조이므로 목적격 of도 된다.

20. 묵상의 목적과 복 (수1:8) the purpose and blessing of meditation

> **단어 및 숙어** meditation 【명사】 묵상, 명상 / purpose 【명사】 목적 / blessing 【명사】 복, 축복
> **해설** 묵상이 나타내는 목적과 묵상이 주는 복이므로 주격의 of이다.

21. 증인들의 삶 (행1:8) the lives of the witnesses

> **단어 및 숙어** witness 【명사】 증인, 목격자 / life 【명사】 삶, 인생 / lives 【명사】 life의 복수형
> **해설** 증인들이 살아온 삶이므로 주격의 of이다.

22. 찬양의 놀라운 능력 (행16:25-34) the marvellous power of praises

> **단어 및 숙어** marvellous 【형용사】 놀라운 / praise 【명사】 찬양
> **해설** 찬양이 지닌 놀라운 능력이므로 주격의 of이다.

23. 긍정적인 말의 힘 (잠6:2) the power of positive words

단어 및 숙어 positive 형용사 긍정적인 (↔negative 부정적인)

해설 긍정적 말이 지닌 힘이므로 주격의 of이다.

24. 용서의 힘 (눅6:36-38) the power of forgiveness

단어 및 숙어 forgive 동사 용서하다 / forgiveness 명사 용서

해설 용서가 지닌 힘이므로 주격의 of이다.

25. 성령의 기름부으심 (사61:1-3) the anointment of the Holy Spirit (=the Lord has anointed me.)

단어 및 숙어 anoint 동사 기름을 붓다 / anointment 명사 기름부음

해설 성령께서 기름을 부으시다(the anointment that the Holy Spirit gives us)이므로 주격의 of이다.

26. 고난의 축복 (욥1:13-22) the blessings of suffering

해설 고난이 주는 축복=the blessings that suffering gives us이므로 주격의 of이다.

27. 믿음의 은사 (단3:29-30) the grace of faith

해설 믿음이 주는 은사=the grace that faith gives us이므로 주격의 of이다.

28. 은혜 받은 자들의 감사 (눅17:11-19) the thanks of the blessed

해설 the blessed=blessed people=축복받은 자들 / of the blessed는 the thanks를 꾸며주는 형용사구이다.) (축복받은 자들이 말하는 감사)(=the thanks that the blessed give us)이므로 주격의 of이다.

29. 성도들의 올바른 신앙여정 (신2:1-9) The righteous and religious life of church members

> **단어 및 숙어** righteous **형용사** 정의로운
>
> **해설** righteous and religious는 '정의롭고 종교적인'으로 직역되지만 의역으로는 '올바른'으로 된다. / righteous 앞에 정관사 the가 있는 것은 of church라는 수식어가 있기 때문이다. of church는 the righteous and religious life를 꾸며주는 형용사구이다. 교회성도들이 지니는 올바른 신앙여정(=the righteous and religious life that church members have)이므로 주격의 of이다.

30. 그리스도의 지상명령 (마28:16-20) the great commission of Christ

> **단어 및 숙어** commission **명사** 명령 / order **동사** 명령하다
>
> **해설** 그리스도께서 내리신 지상명령=the great commission that Christ orders이므로 주격의 of이다.

31. 전도자의 눈물 (시126:1-6) the tears of an evangelist

> **단어 및 숙어** evangelist **명사** 전도자 / shed **동사** 눈물을 흘리다 (shed-shed-shed)
>
> **해설** 전도자가 흘린 눈물=the tears that an evangelist sheds이므로 주격의 of이다.

32. 베드로의 회개 (요18:25-27) 1) Peter's redemption 2) the redemption of Peter

> **단어 및 숙어** redemption **명사** 회개
>
> **해설** 베드로가 회개하므로 주격의 of이다.

〈베드로통곡교회〉

33. 하나님의 계획 (대상29:10-19) **the plans of God (=God plans)**

> 해설 하나님이 계획하시므로 주격의 of이다.

34. 사도들의 삶 (행5:33-42) **the lives of disciples**

> 단어 및 숙어 disciple 명사 사도
>
> 해설 사도들이 살았던 삶(the lives that disciples lived)이므로 주격의 of이다.

35. 하나님의 모든 관심 (마16:13-20) **all the concerns of God**

> 단어 및 숙어 concern 명사 관심
>
> 해설 하나님이 보여준 모든 관심(all the concerns that God shows)이므로 주격의 of 이다.

36. 보리떡 한 덩어리의 힘 (삿7:9-14) **the power of a round loaf of barley**

bread

> **단어 및 숙어** a loaf of ~한 덩어리의 / barley **명사** 보리
>
> **해설** 보리빵 한 덩어리가 주는 힘(the power that a round loaf of barley bread shows)이므로 주격의 of이다.

37. 성령의 법 (롬8:1-6) the law of the Holy Spirit

> **해설** 성령이 우리에게 주시는 법(the law that the Holy Spirit gives us)이므로 주격의 of이다.

38. 성령의 사람 (왕상18:30-40) the person of the Holy Spirit

> **해설** 성령이 보내신 사람(the person whom the Holy Spirit sends for)이므로 주격의 of이다.

39. 주님의 은혜 (민33:53-55) the grace of the Lord

> **해설** 주님이 주신 은혜(the grace that the Lord gives us)이므로 주격의 of이다.

40. 예수님의 사랑 (요13:34-35) 1) Jesus' love   2) the love of Jesus

> **해설** 예수님이 우리를 사랑하시므로 주격의 of이다. 예수님을 사랑하므로 목적격 of도 된다.

41. 십자가의 도 (고전1:18) the way of cross

> **해설** 십자가가 가는 길이므로 주격의 of이다.

42. 신앙인의 자기성찰 (딤후4:5-7) self-revelation of a faithful man

> **단어 및 숙어** revelation **명사** 성찰, 계시 / self-revelation 자기성찰 / faithful **형용사** 충실한, 믿음이 있는

해설 신앙인이 하는 자기성찰이므로 주격의 of이다.

43. 충성된 자의 삶 (마21:1-14) the life of a faithful person

해설 충성된 사람이 살았던 삶이므로 주격의 of이다.

44. 행복한 주님의 사랑 (행2:42-47) the love of happy Lord

해설 행복한 주님이 사랑하시므로 주격의 of이다.

45. 성령과 예수님의 사역 (눅4:18-19) the ministry of the Holy Spirit and Jesus

단어 및 숙어 ministry 명사 사역, 목회

해설 성령과 예수님이 하는 사역이므로 주격의 of이다.
   *예수님의 사역---『술술풀어가는 영어성경영문법-마태복음-』 p. 479 참조.

46. 이방인의 찬송 (단4:34-37) the praise of gentiles

단어 및 숙어 gentile 명사 이방인 (유대인의 입장에서 볼 때 이방인은 모두 gentile이며, 일반적으로 지칭하는 이방인은 'pagan'이다.

해설 이방인이 하는 찬송이므로 주격의 of이다.

47. 기도의 힘 (시5:1-12) the power of prayer

해설 기도가 보여주는 힘이므로 주격의 of이다.

48. 사람의 가장 큰 일 (창3:1-7)(롬8:1-2) the greatest thing of a person

해설 사람이 하는 가장 큰 일이므로 주격의 of이다.

49. 십자가의 복음 (요19:17-23) the gospel of cross

십자가가 주는 복음이므로 주격의 of이다.

50. 주님의 평안 (빌4:6-7) the peace of the Lord

해설 주님이 주시는 평안이므로 주격의 of이다.

51. 주님의 명령 (마28:18-20) the order of the Lord

해설 주님이 하신 명령이므로 주격의 of이다.

52. 예수님의 십자가 (마27:19-23) 1) Jesus' cross   2) the cross of Jesus

해설 예수님이 맨 십자가이므로 주격의 of이다.

53. 하나님의 선물 (엡2:1-10) the gift of God

해설 하나님이 주신 선물이므로 주격의 of이다.

54. 기독교 신앙의 핵심 (고전15:12-20) the essence of Christianity

단어 및 숙어 essence 명사 핵심, 본질, 정수 / Christianity 명사 기독교

해설 기독교가 보여주는 본질, 즉 정수이므로 주격의 of이다.

55. 예수님의 고난 (눅9:22-24)(고후8:9) Jesus' suffering (=the suffering of Jesus)

해설 예수님이 겪은 고통, 고난이므로 주격의 of이다.

〈겟세마네교회 또는 만국교회〉

56. 그리스도의 평강 (눅24:36-43) peace of Christ (=the peace that Christ gives us)

> 해설 그리스도가 주시는 평강이므로 주격의 of이다.

57. 하나님의 아이 (삼상1:24) the child of God

> 해설 하나님이 주시는 아이이므로 주격의 of이다.

58. 성도의 자랑 (약1:9-11) the pride of a church member

> 단어 및 숙어 churchmember (=saint=devotee=follower=adherent=congregation=believer =the faithful) 명사 성도, 회중, 교인)
>
> 해설 성도가 하는 자랑이므로 주격의 of이다.
>
> 성경해설 성도(聖徒): '거룩한 무리'라는 뜻임. 하나님의 가치관 또는 성경관을 지니고 사는 사람들에게는 하나님 나라가 목적이다. 하나님 나라는 예수 그리스도가 통치하는 나라이다.

59. 여호와의 기름 부음 받은 자 (시20:1-9) the anointed person of the Lord

단어 및 숙어 anoint **동사** 기름붓다

해설 주님이 기름을 부은 자이므로 주격의 of이다.

60. 참 선교의 축복 (출12:29-42) the blessing of real mission

해설 참 선교가 주는 축복이므로 주격의 of이다.

61. 하나님의 위로 (고후1:1-11) the consolation of God (=the consolation that God gives us)

단어 및 숙어 consolation **명사** 위로

해설 하나님께서 우리에게 주시는 위로이므로 주격의 of이다.

62. 히스기야왕의 체험 (왕하18:1-8) the experience of the king, Hezekiah

해설 히스기야왕이 겪은 체험이므로 주격의 of이다.

63. 대제사장의 예언 (요11:45-57) the prophecy of chief priest

단어 및 숙어 prophecy **명사** 예언 / chief priest **명사** 대제사장

해설 대제사장이 말하는 예언이므로 주격의 of이다.

64. 주기도문의 네 가지 은총 (마6:9-13) the four blessings of the Lord's Prayer

해설 주기도문이 주는 네 가지 은총이므로 주격의 of이다.

65. 회개와 순종의 축복 (사1:18-20) the blessing of repentance and obedience

단어 및 숙어 repentance **명사** 회개 / repent **동사** 회개하다 / obedience **명사** 순종, 복종 / obey **동사** 순종(복종)하다

해설 회개와 순종이 주는 축복이므로 주격의 of이다.

66. 교회공동체의 의미 (눅6:20-23) the meaning of church community

> **해설** 교회공동체가 지니는 의미이므로 주격의 of이다.

67. 성령의 역사 (행2:17) the work of the Holy Spirit

> **해설** 성령이 하시는 일이므로 주격의 of이다.

68. 안식일의 축복 (레23:1-3) the blessing of Sabbath

> **단어 및 숙어** Sabbath 명사 안식일
>
> **해설** 안식일이 주는 축복이므로 주격의 of이다.

69. 부르심 입은 자들의 삶 (막3:13-15)(요6:44) lives of those who are called

> **해설** 부르심 받은 자들이 살아온 삶이므로 주격의 of이다. / those 다음에는 people 이 생략돼 있다.

70. 주님의 손길 (눅5:12-16) the hands of the Lord

> **해설** 주님이 보여주시는 손길이므로 주격의 of이다.

71. 믿는 자의 축복 (막16:14-18) the blessing of a believer

> **해설** 믿는 자가 받는 축복이므로 주격의 of이다.

72. 전도자의 삶과 치유기도 (고후12:1-10) the life of an evangelist and healing prayer

> **단어 및 숙어** evangelist 명사 전도자 / heal 동사 치료하다
>
> **해설** 전도자가 살아온 삶이므로 주격의 of이다.

73. 그리스도의 사역 (삼상7:12-17) the work of Christ

> **해설** 그리스도께서 하시는 일이므로 주격의 of이다.

74. 유월절의 비밀 (출12:1-14) the secret of the Passover

> **해설** 유월절이 보여주는 비밀이므로 주격의 of이다.

> **성경해설** 유월절(Passover): 출애굽의 해방을 기념하는 절기로서 일명 무교절(the Feast of Unleavened Bread)라고도 함. 하나님께서 심판의 천사를 통해 애굽의 초태생들을 죽이시던 날, 문설주에 양의 피를 바른 이스라엘 가정은 "그냥 지나쳐갔다(passed over)" 유월절은 바로 그날 밤의 사건에서 붙여진 이름이다. 해마다 그날에는 특별한 음식, 즉 고난의 떡을 상징하는 누룩 없는 빵, 무교병과 쓴나물을 일주일 동안 먹는다. 집안의 가장들은 역사와 배경을 가르친다.　　　　　『술술풀어가는 영어성경영문법-요한복음-』pp. 247-48 참조

75. 성탄의 목적 (마1:18-23) the purpose of Christmas

> **단어 및 숙어** purpose **명사** 목적, 의도
>
> **해설** 성탄이 지닌 목적이므로 주격의 of이다.

76. 사랑의 힘 (애3:1-6, 20-25)(약2:14-17)(막12:28-31) the power of love

> **해설** 사랑이 지닌 힘이므로 주격의 of이다.

77. 사도요한의 큰 울음 (계5:1-5) big weeping of the Apostle, John

> **단어 및 숙어** apostle **명사** 사도 / weep **동사** 눈물을 주르륵 흘리다
>
> **해설** 사도요한이 큰 눈물을 흘리므로 주격의 of이다.

〈밧모섬〉

78. 위대한 하나님의 사랑 (삿6:19) the love of great God

> 해설 위대한 하나님이 주시는 사랑이므로 주격의 of이다.

79. 그리스도인의 특성 (골3:12-17)

1) the characteristics of Christians

2) the characteristics (that) Christians have

> 해설 그리스도인이 지니고 있는 특성이므로 주격의 of이다.

80. 감사의 힘 (행16:16-26) the power of thankfulness

> 해설 감사가 지니는 힘이므로 주격의 of이다.

81. 특별하신 하나님의 도움 (사41:10) the help of special God

> 해설 특별하신 하나님이 도와주시므로 주격의 of이다.

82. 이스라엘 백성들의 패배의식 (히3:15-19) the defeat consciousness of the Israelites

단어 및 숙어 consciousness 명사 의식 / Israelite 명사 이스라엘 사람 (Seoulite 서울사람) / defeat 명사 패배

해설 이스라엘 사람들이 지니는 패배의식이므로 주격의 of이다.

83. 성도의 의무 (시119:163-168) the duty of a church member

해설 성도가 해야 할 의무이므로 주격의 of이다.

84. 기적의 단순성 (요5:1-10) the simplicity of miracle

단어 및 숙어 miracle 명사 기적 / simplicity 명사 단순성

해설 기적이 보여주는 단순성이므로 주격의 of이다.

85. 겨자씨의 힘 (마13:31-32) the power of the mustard seed

단어 및 숙어 mustard seed 명사 겨자씨앗

해설 겨자씨가 지닌 힘이므로 주격의 of이다.

86. 성도의 영적전쟁 (엡6:10-17) the spiritual war of churchmembers

단어 및 숙어 spiritual 형용사 영적인, 정신적인

해설 성도가 겪는 영적 전쟁이므로 주격의 of이다.

87. 예수님의 말씀 (사9:6-7) words of Jesus

해설 예수님이 하신 말씀이므로 주격의 of이다.

88. 사라의 죽음 (창23:1-18) Sarah's death / the death of Sarah

해설 사라가 죽었으므로 주격의 of이다.

89. 예수님 최후의 명령 (마28:16-20) **the last order of Jesus**

> **해설** 예수님께서 하셨던 마지막 명령이므로 주격의 of이다.

90. 하나님의 약속 (갈3:5-9) **the promise of God**

> **해설** 하나님이 하신 약속이므로 주격의 of이다.

91. 시대의 표적 (막8:11-12) **the sign of the age**

> **해설** 시대가 나타내는 징표이므로 주격의 of이다.

92. 하나님의 위로와 약속 (사35:3-10) **the consolation and promise of God**

> **해설** 하나님이 하신 위로와 약속이므로 주격의 of이다.

93. 부자청년의 고민 (마19:16-22) **the trouble of a rich young man**

> **단어 및 숙어** trouble **명사** 고민
> **해설** 부자청년이 지닌 고민이므로 주격의 of이다.

94. 현대인의 병과 치유 (막2:3-12) **the disease and healing of modern men**

> **단어 및 숙어** disease **명사** 질병
> **해설** 현대인이 지닌 병을 치료하므로 주격의 of이다.

95. 예수님의 고난과 성찬식 (눅22:14-20) **the suffering and communion of Jesus**

> **단어 및 숙어** communion **명사** 성찬식
> **해설** 예수님이 겪으신 고난과 성찬식이므로 주격의 of이다.

96. 영생이 있는 자의 삶 (요17:2-3) the life of those who have eternal lives

> **단어 및 숙어** eternal 〔형용사〕 영원한 / eternal life 〔명사〕 영생 / those 다음에는 people이 생략돼 있다.
>
> **해설** 영생을 가진 사람들이 살아가는 모습이므로 주격의 of이다.

97. 하나님의 시험 (출17:1-7)(히5:5-U10)(마4:1-11) 1) God's temptation
   2) the temptation of God

> **단어 및 숙어** temptation 〔명사〕 유혹, 시험 / tempt 〔동사〕 유혹하다, 시험하다
>
> **해설** 하나님이 우리를 시험하시므로 주격의 of이다.

98. 천사의 계시 (눅1:26-38) the revelation of an angel

> **단어 및 숙어** revelation 〔명사〕 계시
>
> **해설** 천사가 보여주는 계시이므로 주격의 of이다.

99. 사무엘의 설교 (삼상12:8-18) Samuel's sermon (=the sermon of Samuel)

> **해설** 사무엘이 한 설교이므로 주격의 of이다.

100. 나실인 삼손의 체험 (삿16:10-14) 1) the Nazirite, Samson's experience
   2) the experience of Samson, the Nazirite (the experience that Samson, the Nazirite has)

> **해설** Nazirite (민6): 하나님께 자신을 거룩하게 구별하기로 서원한 사람
> 나실인 삼손이 겪은 경험이므로 주격의 of이다.
>
> **성경해설** 나실인의 어원: 헌신된 자, 구별된 자

1-4. 목적격 of

■ 목적격관계를 나타내는 of
  of 이하를 '~을, ~를, ~의'로 번역한다.

1) of는 동작을 나타내는 명사 또는 동명사에 수반된다.
① the statement of facts 사실의 진술 ("사실을 진술하는 것"을 명사형으로 바꾼 것이다.)
② the love of God (하나님의 사랑) ("하나님을 사랑하는 것" 또는 "하나님에 대한 사랑"을 명사형으로 바꾼 것이다.)
③ the rising of bells (종의 울림) ("종을 울리는 것"을 명사형으로 바꾼 것이다.)
④ the bringing up of a child (어린이의 양육) ("어린이를 양육하는 것"을 명사형으로 바꾼 것이다.)

2) of는 afraid, aware, capable, envious, fond, greedy, jealous, proud, ashamed, conscious, doubtful, desirous 등의 형용사와 함께 쓰이면서 '~을, ~에 대하여'의 뜻이 된다.

① I am afraid of the air pollution in Seoul. (나는 서울의 대기오염을 두려워한다.)
② You are aware of the negative situation. (너는 부정적 상황을 의식한다.)
③ I am capable of writing the report. (나는 그 보고서를 작성할 수 있다.)
④ She is envious of his position. (그녀는 그의 직위를 시기한다.)
⑤ He is fond of her. (그는 그녀를 좋아한다.)
⑥ They are greedy of money. (그들은 돈에 대하여 탐욕이 있다.)
⑦ She is jealous of her friend. (그녀는 자신의 친구를 질투한다.)
⑧ I am proud of Hanyoung Theological University students. (나는 한영신학대학교 학생들을 자랑스러워한다.)
⑨ She is doubtful of the truth. (그녀는 그 진실을 의심한다.)
⑩ We are desirous of going to Spain. (우리는 스페인으로 가기를 바란다)

예1 love of my life (group Queen의 노래제목)=나의 인생을 사랑함
예2 testing of your faith=너희 믿음을 테스트함
예3 our knowledge of him=그에 대한 우리의 지식. of는 about의 뜻이다.
예4 For decades, H & S has pioneered the manufacture of premium food supplements.= …최상의 먹거리보완제를 제조하는 데에 선구적 역할을 해오고 있다.

1. 구원의 기쁨 (눅15:1-10) the joy of salvation

단어 및 숙어 salvation **명사** 구원

해설 구원을 받은 기쁨이므로 목적격 of이다.

2. 비전의 신앙 (창13:14-15) faith of vision

해설 비전을 가지는 신앙이므로 목적격의 of이다.

3. 믿음의 약속 (히6:14-15) the promise of faith

해설 믿음을 약속하므로 목적격 of이다.

4. 하늘나라의 전파 (행19:8-12) the preaching of kingdom of God

단어 및 숙어 preach **동사** 설교하다 / preaching **명사** 설교, 전파

해설 하나님 나라를 전파하므로 목적격 of이다.

5. 복음의 일꾼 (골1:9-29) the worker of the Bible

해설 복음을 전하는(또는 복음을 위하여 일하는) 일꾼이므로 목적격 of이다.

6. 부활의 첫 증인 (막16:1-8) the first witness of resurrection

단어 및 숙어 resurrection **명사** 부활 / witness **명사** 증인, 목격자

해설 부활을 보았던 첫 증인이므로 목적격 of이다.

7. 영혼구원의 우선순위 (딤전2:4-5) the first thing to do for salvation of soul
(영혼구원을 위하여 첫 번째로 해야 할 일)

해설 영혼을 구원하기 위하는 것이므로 목적격 of이다.

8. 부활의 증인들 (고전15:1-11) the witnesses of resurrection

> **해설** 부활을 본 사람들이므로 목적격 of이다.

9. 착각의 자유 (계3:14-22) the freedom of illusion

> **단어 및 숙어** illusion [명사] 착각, 오해, 환상
>
> **해설** 착각을 자유롭게 할 수 있으므로 목적격 of이다.

10. 하나님의 영광 (고전10:31) the glory of God

> **해설** 하나님을 길이 빛나게 하는 일이므로 목적격 of이다.

11. 성공의 과정 (빌3:10-16) the process of success

> **단어 및 숙어** process [명사] 과정
>
> **해설** 성공을 하는 데에 필요한 과정이므로 목적격 of이다.

12. 절망은 희망의 씨앗 (왕하4:1-7) despair is the seed of hope

> **해설** 희망을 보여주는 씨앗이므로 목적격 of이다.

13. 승리의 노래 (출15:1-6) the song of victory

> **해설** 승리를 노래하므로 목적격 of이다.

14. 사명의 사람 예레미야 (렘1:1-10) Jeremiah, the person of mission

> **해설** 사명을 지닌 사람이므로 목적격 of이다.
>
> **성경해설** 예레미아의 어원은 "여호와께서 일으키신다"이다.

15. 눈물의 기도 (느1:1-11) the prayer of tears

해설 눈물을 흘리는 기도이므로 목적격 of이다.

16. 축복의 통로 (출14:15-20) the passage of blessing

단어 및 숙어 passage **명사** 통로

해설 축복을 받는 통로이므로 목적격 of이다.

17. 믿음의 단계 (갈5:16-26) the steps of faith

해설 믿음을 보여주는 단계이므로 목적격 of이다.

18. 근심의 요인 (고후7:9-11) the element of anxiety

단어 및 숙어 anxiety **명사** 걱정, 근심 / element **명사** 요소, 요인

해설 근심을 가지게 되는 요인이므로 목적격 of이다.

19. 십자가의 사랑 (요3:16-17) the love of cross

해설 십자가를 사랑하므로 목적격 of이다.

20. 놀라운 사랑의 섭리 (요19:12-16) the Providence of marvelous love

해설 놀라운 사랑을 보여주는 섭리이므로 목적격 of이다.

21. 배신의 이유 (툭22:47-54) the reason of betrayal

단어 및 숙어 betrayal **명사** 배신 / betray **동사** 배신하다

해설 배신을 하는 이유이므로 목적격 of이다.

22. 세상의 빛과 소금 (사2:1-5)(엡5:8-14)(마5:13-16) the light and salt of the world

해설 세상을 비추는 빛과 소금이므로 목적격 of이다.

23. 나는 양의 문이라 (요10:7-9) I am the gate of the sheep.

> 해설 양떼를 지키는 문이므로 목적격 of이다.

24. 구원의 확신 (엡2:1-6) the confirmation of salvation?

> 해설 구원을 확신하므로 목적격 of이다.

25. 세상의 빛 (요8:12-30) the light of the world

> 해설 세상을 비추는 빛이므로 목적격 of이다.

26. 믿음은 바라는 것들의 실상이다. (히11:1-3) Faith is being sure of what we hope for.

> 해설 바라는 것들을 확신하는 것이므로 목적격 of이다.
> Faith is being sure of what we hope for and certain of what we do not see. (히 11:1)
>> 직역 믿음이란 우리가 희망하는 것들을 확신하는 것이며 우리 눈에 안 보이는 것을 확신하는 것이다.
>> 의역 믿음은 바라는 것들의 실상(實狀)이요 보지 못하는 것들의 증거니

27. 하나님의 시험 (출17:1-7)(히5:5-10)(마4:1-11) the temptation of God

> 단어 및 숙어 temptation 명사 시험, 유혹 / tempt 동사 시험하다, 유혹하다
> 해설 하나님이 우리를 시험하시므로 목적격 of이다.

28. 영원한 생명의 빛 예수 그리스도 (요1:1-12) Jesus Christ, Light of eternal life

> 단어 및 숙어 eternal 형용사 영원한
> 해설 영원한 생명을 비추는 빛이므로 목적격 of이다.

29. 위로의 하나님 (왕하5:9-14) the God of consolation

> **단어 및 숙어** consolation 명사 위로, 위안 / console 동사 위로하다
>
> **해설** 위로를 주시는 하나님이므로 목적격 of이다.

30. 실패와 성공의 원인 (요18:15-27) the reasons of failure and success

> **단어 및 숙어** failure 명사 실패
>
> **해설** 성공을 하고 실패를 하는 원인이므로 목적격 of이다.

31. 생명의 양식 또는 생명의 떡 (출16:12-18)(행2:43-47)(요6:29-35) the bread of life

> **해설** 생명을 살리는 빵이므로 목적격 of이다.

32. 안식의 축복 (창2:1-3) the blessing of Sabbath

> **단어 및 숙어** Sabbath 명사 안식일
>
> **해설** 안식일을 축복하므로 목적격 of이다.

33. 국가의 안보 (사41:8-13) the safety of a nation

> **단어 및 숙어** safety 명사 안전
>
> **해설** 나라를 안전하게 하므로 목적격 of이다.

34. 행복한 주님의 사랑 (행2:42-47) the love of happy Lord

> **해설** 행복한 주님을 사랑하므로 목적격 of이다.

35. 주님의 증인 (시68:11) the witness of the Lord

> **해설** 주님을 증거하는 자이므로 목적격 of이다.

36. 순종의 축복 (왕하5:14) the blessing of obedience

> **단어 및 숙어** obedience **명사** 순종, 복종 / obey **동사** 순종하다
>
> **해설** 순종을 하면 받는 축복이므로 목적격 of이다.

37. 믿음의 시험 the testing of your faith

> **해설** 너희의 믿음을 시험하므로 목적격 of이다.

38. 올바른 통치자의 축복 (겔45:9) the blessing of the righteous leader

> **해설** 정의로운 통치자를 축복하므로 목적격 of이다.

39. 하나님의 영광을 위하여 (고전10:31) To the glory of God

> **해설** 하나님을 영광되게 하므로 목적격 of이다.

40. 산 자의 하나님 (마22:23-33) God of the living

> **단어 및 숙어** the living은 living people을 의미한다. (the + 추상명사=복수보통명사)
>
> **해설** 살아 있는 사람들을 위한 하나님이므로 목적격 of이다.

41. 빛의 자녀 (마5:13-16) the children of the light

> **해설** 빛을 내는 자녀들이므로 목적격 of이다.

42. 귀신들린 자의 치유 (눅8:26-39) the healing of a demon-possessed man

> **단어 및 숙어** healing **명사** 치유, 치료 / demon-possessed **형용사** 귀신 들린, 악마에 사로잡힌
>
> **해설** 귀신들린 자를 치유하므로 목적격 of이다.

43. 응답 받는 기도의 사람 (고전2:13-16) **the person of prayer who is answered**

> **해설** 기도를 하는 사람이므로 목적격 of이다.

44. 개혁의 축복 (히9:10) **the blessing of revolution**

> **단어 및 숙어** revolution **명사** 개혁, 혁명
>
> **해설** 개혁을 축복하므로 목적격 of이다.

45. 영적 생활의 능력 (갈2:20) **the power of spiritual life**

> **단어 및 숙어** spiritual **형용사** 영적인, 정신적인
>
> **해설** 영적 생활을 지닌 힘이므로 목적격 of이다.

46. 기도응답의 3단계 (막11:22-25) **the three steps of prayer answer**

> **해설** 기도응답을 받는 3단계이므로 목적격 of이다.

47. 성령의 충만함 (행1:4-8) 1) **the fullness of the Holy Spirit**
    2) **filling with the Holy Spirit**

> **해설** 성령을 충만하게 받으므로 목적격 of이다.

48. 축복의 3대원리 (마9:27-31) **three principles of blessings**

> **단어 및 숙어** principle **명사** 원리, 원칙
>
> **해설** 축복을 받는 3대원리이므로 목적격 of이다.

49. 사랑의 하나님 (요일4:7-11) **God of love**

> **해설** 사랑을 보여주시는 하나님이므로 목적격 of이다.

50. 생수의 강 (요7:37-39) the river of living water

> 해설 생수를 지닌 강이므로 목적격 of이다.

51. 용서의 복음 (막11:23-25) the Bible of forgiveness

> 단어 및 숙어 forgiveness 명사 용서 / forgive 동사 용서하다
>
> 해설 용서를 보여주는 복음이므로 목적격 of이다.

52. 성령의 노래 (삼하8:15-18)(엡2:18-22)(막6:53-56) the song of the Holy Spirit

> 해설 성령을 노래하므로 목적격 of이다.

53. 생명의 빛이 되신 예수 (요1:1-5) Jesus, the Light of life

> 해설 생명을 주는 빛이므로 목적격 of이다.

54. 베드로의 회개의 통곡 (눅22:31)(막14:66-72) the mourning of repentance of Peter

> 단어 및 숙어 mourning 명사 통곡 / mourn 동사 통곡하다
>
> 해설 회개를 보여주는 통곡이므로 목적격 of이다.

〈베드로통곡교회〉

55. 예수님의 사랑 (요1:1-14) the love of Jesus

> **해설** 예수님을 사랑하므로 목적격 of이다. (예수님이 우리를 사랑하시므로 주격의 of도 된다.)

56. 안디옥 교회의 영광 (행13:2-3) the glory of Antioch church

> **해설** 안디옥교회를 영광되게 하므로 목적격 of이다.

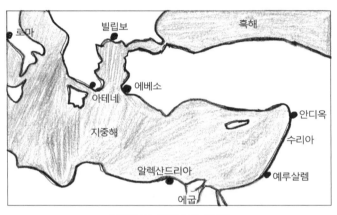

〈빌립보와 에베소의 위치〉

57. 출애굽시대의 자녀교육 (신6:4-9) the education of children at the age of Exodus

> **해설** 자녀를 교육하므로 목적격 of이다.

58. 여리고 정복의 비밀 (수6:1-13) the secret of the conquest of Jericho

> **단어 및 숙어** conquest **명사** 정복 / secret **명사** 비밀
>
> **해설** 여리고를 정복하므로 목적격 of이다.

59. 부활과 생명의 예수 (요11:25-26) Jesus of resurrection and life

> **해설** 부활과 생명을 보여주는 예수이므로 목적격 of이다.

60. 힘의 상징인 독수리 (시103:1-5) an eagle, the symbol of power

> **해설** 힘을 상징하므로 목적격 of이다.

61. 약속의 하나님 (민23:19-20) the God of promise

> **해설** 약속을 하신 하나님이므로 목적격 of이다.

62. 사랑의 기쁨 (요15:11-14) the joy of love

> **해설** 사랑을 하는 기쁨이므로 목적격 of이다.

63. 제자로 부르심 (마4:18-22) the calling of the disciple

> **해설** 제자를 부르시므로 목적격 of이다.

64. 새 언약의 일꾼 (고후3:6-9) worker of the new promise

> **해설** 새로운 언약을 하는 일꾼이므로 목적격 of이다.

65. 좋으신 사랑의 하나님 (요3:16) good God of love

> **해설** 사랑을 주시는 좋은 하나님이므로 목적격 of이다.

66. 자녀교육의 최고지침 (엡6:1-4) the best teaching method for the education of children

> **해설** 자녀들을 교육하므로 목적격 of이다.

67. 말세의 징조 (마24:1-3) the sign of the end of the world

> **해설** 세상의 종말을 보이는 징조이므로 목적격 of이다.

68. 우리는 그리스도의 향기 (고후2:12-17) We are the aroma of Christ.

> **단어 및 숙어** aroma **명사** 향기
>
> **해설** 그리스도를 나타내는 향기이므로 목적격 of이다.

69. 종의 축복 (롬6:17-18) the blessing of a servant

> **해설** 종이 되는 것을 축복하므로 목적격 of이다.

70. 여호와의 영광 (사60:1-3) the glory of Jehovah

> **해설** 여호와를 영광스럽게 하므로 목적격 of이다.

1-5. 동격의 of

> ■ 동격관계를 나타내는 of
>   of 이하를 '~라고하는~인(한)~의'로 번역한다.
>
> ① the city of Venice (베네치아(라는)도시)
> ② the name of Yougeon (유건이라는 이름)
> ③ the fact of his meeting you (그가 너를 만났다는 사실)
> ④ the four of us (우리 네 사람)
> ⑤ the crime of murder (살인이라는 범죄)

〈베네치아〉

1. 아골골짜기 (호2:15) the valley of Achor

> **해설** 아골이라는 골짜기이므로 동격의 of이다. valley와 Achor은 동격이다.
>
> **성경해설** Achor의 어원은 고통(trouble)이다.

2. 천상의 빛의 아버지 the Father of the heavenly lights (천상의 빛이신 아버지)

3. 만남의 축복 (요3:14-17) the blessing of meeting (만남이라는 축복)

4. 착각의 그늘 (행7:18-34) the shadow of illusion (착각이라는 그늘)

5. 예수님 부활의 역사적 사건 (고전15:50-58) the historic event of resurrection (예수님 부활이라는 역사적 사건)

6. 부활의 승리 (요20:19-31) the victory of resurrection (부활이라는 승리)

7. 부활의 축복 (막16:3-9) the blessing of resurrection (부활이라는 축복)

8. 십자가의 고통 (갈3:1) the suffering of cross (십자가라는 고통)

9. 연약함의 축복 (롬8:26) the blessing of weakness (연약함이라는 축복)

10. 십자가의 만나 (출16:12-16)(행2:42-47)(요6:32-35) the manna of the cross (십자가라는 만나)

> **성경해설** manna는 히브리어로서 "그게 대체 무엇인가?"라는 뜻이다.

11. 거듭남의 비밀 (욥42:1-6)(요3:1-21) the secret of born again (거듭남이라는 비밀)

12. 그리스도라는 이름 the name of Christ

13. 해방의 축복 (시107:1-9) The blessings of liberation

> 해설 of liberation은 명사 blessings를 꾸며주는 형용사구이다.
> 해방이라는 축복이 되므로 동격의 of이다. 해방=축복

14. 예수의 이름 (사9:6-7) the name of Jesus (예수라는 이름)

15. 에벤에셀의 하나님 (삼상7:5-9, 12) God of Ebenezer

> 성경해설 에벤에셀의 어원: 여기까지 우리를 도우셨다

16. 흥왕의 축복 (시72:7) the blessing (또는 benediction) of prosperity

> 해설 흥왕: 번창하고 왕성하다. 이것을 영어로 바꾸면 prosper 또는 flourish 이때
> of는 동격의 of이다. 번창이라는 축복, 즉 번창과 축복이 동격이다.

17. 기도의 사역 (눅6:12) the ministry of prayer

> 해설 기도라는 사역 (ministry=prayer)

18. 육체로 오신 은혜 (요3:16-18) the grace of incarnation

> 해설 성육신이라는 은혜

19. 호산나의 축복 (마21:1-9) the blessing of Hosanna

> 해설 호산나라는 축복
> 성경해설 호산나의 어원은 '주여, 우리를 구원해주시옵소서'

20. 회개의 축복 (눅5:32) the blessing of repentance (회개라는 축복)

21. 부활의 소망 (요11:25-27) the hope of resurrection (부활이라는 소망)

22. 부활의 축복 (마28:1-10) the blessing of resurrection (부활이라는 축복)

23. 회복의 은혜 (왕상19:9-18) the grace of recovery (회복이라는 은혜)

24. 사랑의 안경 (엡4:32-5:2) the glasses of love (사랑이라는 안경)

25. 재물의 축복 (전5:19) the blessing of wealth (재물이라는 축복)

26. 믿음의 복 (히11:1-6) the blessing of faith (믿음이라는 복)

27. 임마누엘의 축복 (막3:13-15) the blessing of Immanuel (임마누엘이라는 축복)

> **성경해설** 임마누엘의 어원: 주님이 함께 계신다

28. 겸손의 축복 (마11:29) the blessing of humility (겸손이라는 축복)

29. 오병이어의 기적 (마14:13-21) the miracle of five loaves of bread and two fish

> **해설** ① 오병이어라는 기적이므로 동격의 of이다. ② loaves of bread에서 of는 물질명사의 소유격을 나타내는 of이다. ③ loaves는 loaf의 복수형이다.

30. 소망의 신비 (시71:1-6) the mystery of hope (소망이라는 신비)

1-6. 우리말의 '~의'가 영어의 of를 쓰지 않고 다른 전치사를 쓰는 경우

1) of 대신 in이 쓰인 경우 [of가 in의 뜻인 경우]

1. 들판의 꽃: 들판에 있는 꽃이므로 the flowers in the field

2. 잠언 속의 그리스도 (잠8:22-32) Christ in Proverbs

3. 광야의 식탁 (시78:10-20) the table in the desert

> **해설** 이것은 소유격이 아니다. 광야에 있는 식탁이라는 뜻이다.

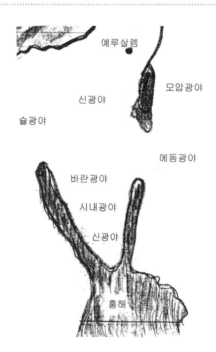

예루살렘

모압광야

신광야

슬광야

에돔광야

바란광야

시내광야

신광야

홍해

4. 가시 속의 강함 (고후12:1-10) the strength in thorn

> **단어 및 숙어** thorn 명사 가시 / strength 명사 힘, 강함 / strong 형용사 강한, 힘이 센

5. 성전의 기둥 (계3:12) the pillar in the temple of my God

> **단어 및 숙어** pillar 명사 기둥 / temple 명사 성전

6. 광야의 삶 (신8:1-10) the life in the desert

> **단어 및 숙어** desert 명사 광야, 사막
>
> **해설** 소유격이 아니라 광야에서 살아가는 삶이므로

7. 하나님 나라의 능력 (고전4:14-21) the power in the kingdom of God

8. 그리스도의 신실한 일꾼 (골1:1-8) a faithful brother in Christ

9. 베데스다의 기적 (요5:1-9) the miracle in Bethesda

> **해설** 베데스다에서 일어난 기적

10. 연대기 속의 그리스도 (대하3:1-2) Christ in the Chronicles

> **단어 및 숙어** chronicle 명사 연대기

11. 벧엘의 축복 (창35:1-8) the blessing in Bethel

> **해설** 벧엘에서 받은 축복

12. 갈릴리의 새벽 (요21:1-4) the dawn in Galilee

> **해설** text에는 early in the morning으로 되어 있음.

〈갈릴리 바다〉

13. 벧엘의 하나님 (창36:3-7) God in Bethel

> 성경해설 Bethel의 어원: 하나님의 집, beth는 집, el은 하나님

14. 광야의 축복 (요6:1-11) the blessing in the desert

15. 얍복강변의 축복 (창32:21-31) the blessing in the riverside of Jabbok
(얍복강이라는 강가)

> 해설 ①in은 of대신에 쓰였다. ②얍복강이라는 강가이므로 of는 동격이다.
> 성경해설 얍복강의 어원: 자신을 비운다.

16. 인생 최고의 날 (요3:1-7) the happiest day in life

17. 과거의 사람! 미래의 사람! (빌3:12-14) those in the past and those in
the future

> 해설 those 다음에는 people이 생략돼 있다.

18. 광야의 기적 (요6:5-13) the miracle in the desert

> **해설** 광야에서 나타난 기적

19. 미스바와 벧엘의 기도 (삼상7:1-6) the prayer in Mizpah and Bethel

20. 포도원의 품꾼들 (마20-1-16) the workers in the vineyard

> **해설** in the vineyard는 workers를 꾸며주는 형용사구이다.

2) of 대신 to가 쓰인 경우 [to가 in의 뜻인 경우]

1. 예수님의 예루살렘 입성 (요12:12-15) 1) Jesus' triumphal entry to Jerusalem
   2) Jesus on his way to Jerusalem

〈예루살렘〉

2. 구원의 길 (요14:6) the way to salvation

> **해설** 이때는 of보다 to가 더 어울린다. ex) 성공으로 가는 길: the way to success

3. 십자가의 길 (마27:27-61) the way to the cross / the way of the cross

> 해설 십자가가 보여주는 길

4. 축복의 길 (창15:14-17) the way to the blessings

5. 영원히 복을 받는 비결 (대하7:14-18) a key to be blessed forever

6. 솔로몬의 축복의 비결 (잠3:1-10) the key to the blessing of Solomon

> 해설 솔로몬이 받은 축복의 비결 / of는 주격이다.
> (a key to good health 건강의 비결 / a key to success 성공의 비결)
>
> 성경해설 솔로몬의 어원: 평화로운

7. 회복의 열쇠 (왕상8:27-29) the key to recovery

8. 만족한 삶의 비결 (빌4:10-13) the key to a satisfied life

9. 승리 생활의 비결 (출17:8-16) a key to victorious life

> 단어 및 숙어 victorious 형용사 승리의

10. 하늘 문 여는 열쇠 (히10:12-18) the key to open the heaven

3) of가 about의 뜻인 경우

> *관련, 관계:(about의 뜻)
>
> 1) 명사를 수반한다.: ~에 관해서, ~한 점에서: a short story of rainbow (무지개에 관한 짧은 이야기 / There is talk of economy (경제에 관한 회담이 있다.)
>
> 2) 형용사를 수반한다.: ~한 점에서: quick of eye 눈이 빠른(밝은) / be slow of speech 말이 느리다

1. 잃은 양의 비유 (눅15:1-7) The parable of the lost sheep

> 단어 및 숙어 parable 명사 우화 / lose 동사 잃어버리다 (lose-lost-lost)
>
> 해설 of the lost sheep은 명사 parable을 꾸며주는 형용사구이다.
> 잃어버린 양에 관한 우화이므로 of는 about의 뜻이다.

2. 구제의 원칙 (마6:1-4) the principle of the giving to the poor

> 단어 및 숙어 principle 명사 원칙, 원리 / the poor=poor people=가난한 사람들
>
> 해설 구제에 관한 원칙

3. 선행과 구제에 힘쓰는 그리스도인의 기적 (행9:36-41)

    1) the miracle of Christians who try to do good and help the poor

    2) the miracle of Christians who try to do kind things for others and
       help the poor (그리스도인에 관한 기적)

4. 인간실존의 질문 (창1:26-31) the question of human existence

> 단어 및 숙어 existence 명사 실존, 존재
>
> 해설 인간실존에 관한 질문이므로 of는 about의 뜻이다.

5. 무화과 나무의 비유 (눅13:6-9) the parable of a fig tree

> 해설 무화과 나무에 관한 비유이므로 of는 about의 뜻이다.

〈터키의 무화과나무〉

6. 부활의 신앙 (행1:1-5) the faith of resurrection

> **해설** 부활에 대한 신앙이므로 of는 about의 뜻이다.

7. 그물의 비유 (마13:47-48) the parable of net

> **해설** 그물에 관한 비유이므로 of는 about의 뜻이다.

8. 감사의 조건 (시100:1-5) the conditions of thankfulness

> **단어 및 숙어** condition **명사** 조건
>
> **해설** 감사에 대한 조건이므로 of는 about의 뜻이다.

9. 열 처녀의 비유 (마25:1-13) the parable of the ten virgins

> **단어 및 숙어** virgin **명사** 처녀
>
> **해설** 열 명의 처녀들에 관한 비유이므로 of는 about의 뜻이다.

10. 십자가의 순종 (빌2:5-11) the obedience of cross

> **단어 및 숙어** obedience **명사** 순종, 복종 / obey **동사** 순종하다
>
> **해설** 십자가에 대한 순종이므로 of는 about의 뜻이다.

4) of 대신 at이 쓰인 경우 [of가 at의 뜻인 경우]

1. 일터의 크리스천 (느2:1-10) Christian at work (일하는 크리스천)

5) of 대신 before가 쓰인 경우 [of가 before의 뜻인 경우]

before가 '~의'라는 뜻을 나타낸다.

1. 홍수 이전의 상황 (창6:1-8) the situation before the flood

6) of 대신 for가 쓰인 경우 [of가 for의 뜻인 경우]

1. 선택의 기준 (창3:1-6) criterion for selection

> **해설** 선택을 위한 기준

2. 행복의 요소 (롬14:17-18) the factors of happiness

> **해설** 행복해지기 위한 요소

7) of가 like(~처럼)의 뜻으로 쓰인 경우

> *of는 '~와 같은'의 뜻: <u>an angel of</u> a boy <u>천사와 같은</u> 소년 (앞부분의 명사와 of가 형용사역할을 한다.) <u>a mountain of</u> suffering <u>산더미처럼</u> 힘든 고통

1. 밤, 겨울, 그리고 광야의 신앙 (막1:12-12) night, winter, and the faith of desert (광야와 같은 신앙)

8) of 대신 on이 쓰인 경우 [of가 on의 뜻인 경우]

1. 좋은 밭의 추수 (마13:3-8) the harvest on good soil (좋은 땅에서 수확한 것)

9) of 대신 after가 쓰인 경우

1. 부활이후의 삶 (요20:19-23) the life after resurrection

10) 명사 자체를 '복의 근원'으로 표시하는 경우

1. 복의 근원 (창12:1-9) You will be a blessing.

> 해설 명사 blessing을 우리말로 '복의 근원'이라고 하였다.

11) of가 재료를 나타내는 경우

> of가 재료, 구성요소의 뜻을 지닌다. 이때 of는 '~로 만든, ~로 된, ~제(製)의'로 번역한다. 특히 모양이나 형태만 변화된 것이다. 이것을 물리적 변화라고 한다.
>
> ① a table made of wood (나무로 만든 식탁)(목제(木製)식탁)(a wooden table)
> ② It is made of gold. (그것은 금으로 만들어진다)
> ③ The house was built of bricks. (그 집은 벽돌로 지어졌다)

1. 불기둥과 구름기둥의 축복 (출13:20-22) the blessings of pillars of fire and cloud

> 단어 및 숙어 불기둥: a pillar of fire (불로 만들어진 기둥)/ 구름기둥: a pillar of cloud (구름으로 만들어진 기둥)

12) of가 from의 뜻을 나타내는 경우

> I borrowed some money of her. (나는 그 여자에게서 돈을 좀 빌렸다) / Her apartment is within 5 miles of mine. (그 여자의 아파트는 나의 아파트에서 5마일 이내에 있다.)

13) of가 부분의 뜻을 나타내는 경우

> of는 '~의 일부분, ~중의, ~중에서'로 번역한다.
>
> ① Selyn is one of my friends. (셀린은 내 친구들 중 한 명이다.)
> ② many of the university students (그 대학생들 중의 다수)

③ the King of the kings (왕 중의 왕) (그리스도)

④ some of my money (내 돈 중의 일부)

⑤ everyone of them (그들 중의 누구라도)

⑥ either of the two (둘 중의 어느 하나)

⑦ the 27th of June (6월 27일) (날짜를 나타냄) (~의)

14) of가 이유, 원인, 동기의 뜻을 나타내는 경우

I am afraid of air pollution. (대기오염이 두렵다) / He died of lung cancer. (그는 간암으로 죽었다.)

15) of가 분리, 박탈, 제거의 뜻을 나타내는 경우

(동사와 합쳐서) She deprived the man of his money.(그 여자는 그에게서 그의 돈을 빼앗았다.)/ (형용사와 합쳐서) Bananas are free of charge. (바나나는 무료다)

16) of가 소유, 소속의 뜻을 나타내는 경우

(~의)(~에 속하는, ~이 소유하는): the son of my friend (내 친구의 아들) (이중소유격)

17) of가 형용사, 부사, 동사와 어울려 숙어를 이루는 경우

of는 형용사, 부사, 동사와 어울려 관용구(숙어)를 이룬다.

- short of(~가 부족한, 결핍된): They were short of passion. (그들에게는 열정이 부족하였다.)
- worthy of(~에 가치 있는): The movie "Myungrrang" is worthy of watching.(영화 '명량'은 볼 만한 가치가 있다.)
- take care of(~을 돌보다): We take care of them. (우리는 그들을 돌본다)

- think of(~에 대해 생각하다): I think of writing the report. (나는 리포트를 쓰는 것에 대해 생각한다.)
- remind A of B (A는 B가 생각난다): You remind me of your mother. (나는 너를 보면 너의 엄마가 생각난다)
- accuse A of B(B에 대해 A를 비난하다): He accused us of our behavior. (그는 우리의 행동에 대하여 비난하였다.)
- complain of(~에 대해 불평하다): She complained of the environment.(그 여자는 환경에 대하여 불평하였다.)
- convince of(~을 확신하다): We convince of his success. (우리는 그의 성공을 확신한다.
- inform A of B (A에게 B를 알리다): He informed us of the news. (그는 우리에게 그 소식을 알려주었다.)

18) of가 분량, 단위, 종류를 나타내는 경우

수량, 단위를 나타내는 명사 다음에 온다.

a bottle of ink 잉크 한 병 / a glass of water 물 한 잔 / a cup of milk 우유 한 잔 / a basket of peach 복숭아 한 바구니 / a piece of furniture 가구 한 점 / a piece of chalk 분필 한 개

1-7. of + 추상명사 = 형용사

■ of+추상명사는 형용사가 된다. 추상명사란 구체적인 형태가 없이 미루어 생각하는 개념을 나타내는 명사를 의미한다. 예를 들면, '사랑', '꿈', '이념' '평화' '전쟁' '애국심' '희망' '기쁨' '슬픔' '분노' 등이 있다. 이러한 추상명사 바로 앞에 of가 오면 형용사가 된다.

예 a man of courage=a courageous man=용기 있는 사람 / a man of character=a characteristic man=인격자 / a matter of importance=an important matter=중요한 문제

1. 은혜의 보좌 앞에 (히4:16) before the throne of grace

> **단어 및 숙어** grace 명사 은혜 / graceful 형용사 은혜로운 / throne 명사 보좌, 왕권
>
> **해설** of grace는 graceful의 뜻이다. 따라서 '은혜로운 보좌 앞에(before the graceful throne)'

2. 본능적인 피조물 creatures of instinct

> **단어 및 숙어** instinct 명사 본능 / instinctive 형용사 본능적인 / creature 명사 피조물, 창조물
>
> **해설** of instinct는 instinctive의 뜻이다. 따라서 '본능적인 피조물(instinctive creature)'

3. 즐거운 그들의 생각 their idea of pleasure

> **단어 및 숙어** pleasure 명사 기쁨, 즐거움 / pleasurable 형용사 (사물이) 즐거운, 기쁜, 기분 좋은, 만족한
>
> **해설** of pleasure는 pleasurable의 뜻이다. 따라서 '그들의 즐거운 생각(their pleasurable idea'

4. 영광의 면류관 the crown of glory

> **단어 및 숙어** glorious 형용사 영광스러운 / crown 명사 면류관, 왕관
>
> **해설** of glory는 glorious의 뜻이다. 따라서 '영광스러운 면류관(glorious crown)'

5. 은혜의 사닥다리 (창28:10-15) the ladder of grace

> **해설** of grace는 graceful의 뜻이다. 따라서 '은혜로운 사닥다리(graceful ladder)'

6. 믿음의 부자 (계2:8-11) a rich man of faith

> **해설** of faith는 faithful의 뜻이다. 따라서 믿음이 좋은 부자 'a faithful rich man'

7. 사악한 급료 the wages of wickedness

> **단어 및 숙어** wage **명사** 급료(주급) / salary 월급
>
> **해설** of wickedness는 wicked의 뜻이다. 따라서 열악한(사악한)(나쁜) 급료 'the wicked wages'

8. 매우 은혜로운 하나님 the God of all grace

> **해설** of grace는 graceful의 뜻이다. 이때 all은 very의 뜻이다. 따라서 the God of all grace=very graceful God

9. 부패한(타락한) 노예 slaves of depravity

> **단어 및 숙어** depravity **명사** 부패, 타락 / depraved **형용사** 부패한, 타락한
>
> **해설** of depravity는 depraved의 뜻이다.

10. 인내의 기도 (약5:7-11) the prayer of persistence

> **단어 및 숙어** persistence **명사** 인내, 참을성 / persistent **형용사** 참는, 인내하는
>
> **해설** of persistence는 persistent의 뜻이다. 따라서 the prayer of persistence=the persistent prayer=끊임없이 지속되는 기도

11. 사랑의 기도 (엡1:15-19) the prayer of love

> **해설** of love는 lovable의 뜻이다. 따라서 the prayer of love=lovable prayer=사랑스러운 기도)

12. 승리의 하나님 (출17:8-16) God of victory (=victorious God) (승리하신 하나님)(여호와 닛씨)(Jehovah Nissi)(출17:15)(=The Lord is my Banner)

> **해설** of victory는 victorious의 뜻이다.

13. 믿음의 사람 (삼상17:41-51) a man of faith (=a faithful man)

> **해설** of faith는 faithful의 뜻이다.

14. 행복한 믿음의 사람 (마5:1-10) the happy person of faith (충실한 믿음을
지닌 행복한 사람)

> **해설** of faith=faithful=충실한

15. 약속의 땅 (출6:2-9) the land of promise

> **해설** of promise는 promised의 뜻이다. (=약속된 땅)

16. 믿음의 영웅들 (히1:1-3) heroes of faith

> **해설** 충직한 영웅들 of faith=faithful

17. 승리의 사람 요셉 (창39:1-9) Joseph, the person of victory

> **해설** 승리한 사람 of victory=victorious

18. 희망의 사람 (눅5:1-6) the person of hope

> **해설** 희망적인 사람 of+hope=hopeful=희망적인

19. 믿음의 승리자 요셉 (창45:3-5) Joseph, the winner of faith

> **해설** of+추상명사=형용사이므로 of faith는 faithful이 된다. 충성스러운 승리자,
요셉

20. 지혜와 계시의 영 (엡1:17-19) the Spirit of wisdom and revelation

> **해설** 지혜롭고 계시가 있는 영 of wisdom=wise / of revelation=revealed

1-8. of가 '~와 같은'의 뜻인 경우

예1 the tent of this body, (벧후1:13)=of는 동격=텐트와 같은 이 육신=텐트라는 이
몸 (텐트 같은 이 육신)

예2 the empty way of life
해설 텅빈 삶의 방식 / of는 '~와 같은'의 뜻이다.

1. 괴로움(의심)의 산 the mountain of suffering (doubt)

해설 산더미처럼 큰 고통(의심) / of는 '~와 같은'의 뜻이다.

〈북한산 족두리봉〉

2. 응답의 큰 비가 쏟아지리라 (왕상18:41-46) There will be the heavy rain
of answers.

해설 큰비처럼 쏟아져내리는 응답 / of는 '~와 같은'의 뜻이다.

1-9. 우리말의 '~의'를 영어의 부정사가 대신할 수 있다.

1. 믿음 성장의 네 가지 단계 (마8:5-13) the four steps to grow faith

해설 to grow는 steps라는 명사를 꾸며주는 부정사의 형용사적 용법이다.

02

평서문(서술형)

1. 선교는 사랑이다. (욘4:5-11) Mission is love.

2. 기이한 일들을 체험할 것이다. (수3:1-13) You will experience exotic things.

> **단어 및 숙어** exotic 형용사 기이한, 이국적인 / experience 동사 경험(체험)하다

3. 나와 아버지는 하나입니다 (요10:22-42) My Father and I are one.

4. 당신의 일생은 한 폭의 그림 (벧전2:9-10) Your life is a picture.

5. 나는 전능한 하나님이라 (창17:1-6) I am the almighty God.

> **단어 및 숙어** almighty 형용사 전능한

6. 부족함이 없으리로다 (시23:1-6) I shall not be in want.

> **단어 및 숙어** be in want 부족하다

7. 내가 너를 굳세게 하리라 (사41:10-11) I will strengthen you.

단어 및 숙어 strengthen 동사 강하게 하다, 굳세게 하다 / strong 형용사 강한

8. 예수님은 부활하셨다 (고전15:12-23) Jesus has been raised from the dead.

> 해설 the dead는 the + 형용사로서 복수보통명사가 되어 '죽은 사람들'의 뜻이다.
> from the dead: 죽은 자들로부터

9. 하나님은 나를 도우시는 분이시다 (사41:10) God is the One who helps me.

> 해설 who helps me는 관계대명사 who가 이끄는 형용사절로 선행사 the One을 꾸며준다.

10. 주는 것이 받는 것보다 복이 있다. (행20:35) It is more blessed to give than to receive.

> 단어 및 숙어 bless 동사 복을 주다 (be blessed 복을 받다)
> 해설 It은 가주어, to give than to receive는 진주어이다.

11. 사람은 은혜로 산다 (창7:1-5) One lives on Grace.

> 단어 및 숙어 live on ~을 주식(主食)으로 살아가다
> 해설 One은 일반적인 사람을 나타낸다.

12. 감사와 원망은 운명을 바꾼다 (민14:20-24) Thanks and complaints turn our fate.

> 단어 및 숙어 complaint 명사 불평, 불만, 원망 / fate 명사 운명

13. 끊임없이 배운다 (마14:22-33) We learn continually.

> 단어 및 숙어 continually (adv) 끊임없이, 지속적으로 / continue 동사 지속하다

해설 일반적인 주어 We를 사용한다.

14. 야훼께 자복하리라 (시32:1-11) I will confess my transgressions to the Lord.

단어 및 숙어 confess 동사 자백하다, 고백하다 / transgression 명사 위반, 벌칙, 죄

15. 예수님은 살아계신다 (엡3:14-19) Jesus is alive.

단어 및 숙어 alive 형용사 살아 있는

16. 주님은 토기장이 (사64:8-9) The Lord is the potter.

단어 및 숙어 potter 명사 도공(陶工)

해설 주어 The Lord + 동사 is + 주격보어 the potter... 2형식문장이다.

17. 봄이 오면 겨울은 간다 ! (아2:10-15) When spring comes, winter is past.

18. 너는 내 것이라 (사43:1-7) You are mine.

19. 내가 여기 있나이다. (사6:1-8) Here am I.

20. 하늘에 계신 우리 아버지 (롬8:14-16) our Father in Heaven 또는 our Father who art in Heaven (The Lord's Prayer)

해설 art는 고어(古語)로서 'is'의 뜻이다.

21. 네 믿음이 너를 구원하였느니라 (눅17:11-19)
Your faith has made you well. (NIV)
Your faith has healed you. (NLT)

단어 및 숙어 heal 동사 치료하다

22. 나는 부활이요 생명이니 (요11:25-27)
I am the resurrection and the life. (NIV)

단어 및 숙어 resurrection 명사 부활

23. 그중에 제일은 사랑이라 (고전13:1-13) The greatest of these is love.

24. 이끼는 물을 먹고 자란다 (룻1:1-5) Moss eats water and grows.

단어 및 숙어 moss 명사 이끼

25. 죽으면 죽으리라 (에4:13-17) If I perish, I perish.

단어 및 숙어 perish 동사 멸망하다, 사라지다

직역 만약 내가 사라지면, 나는 사라진다.

26. 내게 있는 것으로 네게 주노니 (행3:1-10) What I have I give you.

해설 내게 있는 것---내가 가지고 있는 것---the thing which I have=what I have / 나는 네게 준다. 내가 가지고 있는 것을 I give you what I have. / 내가 가지고 있는 것을 너에게 주노라 What I have I give you.

27. 네 장막터를 넓혀 견고히 할지어다 (사54:1-3) Enlarge the place of your tent and strengthen.

단어 및 숙어 enlarge 동사 확장하다 / strengthen 동사 힘을 세게 하다, 강하게 하다 / strong 형용사 강한, 힘센

28. 성실한 자는 성공한다. (잠28:10-18) The blameless will receive a good

inheritance.

> **단어 및 숙어** blameless 〔형용사〕 흠 없는 / inheritance 〔명사〕 유산
>
> **해설** the + 형용사는 복수보통명사이다. the blameless=blameless people=흠이 없는 사람들=성실한 사람들
>
> **직역** 흠이 없는 자들은 좋은 유산을 받을 것이다.

29. 믿는 자에게는 능치 못할 일이 없느니라 (막9:21-29) Everything is possible for him who believes.

> **직역** 믿는 자에게는 모든 것이 가능하다.

30. 이런 근심은 해도 된다. (고후7:8-11) You may have this kind of sorrow.

> **단어 및 숙어** sorrow 〔명사〕 슬픔 / kind 〔명사〕 종류
>
> **해설** 성경책에 근심을 sorrow로 표시돼 있음.
>
> **직역** 너는 이런 종류의 슬픔을 지닐 수 있다.

31. 내가 새벽을 깨우리로다 (시57:6-11) I will awaken the dawn.

> **단어 및 숙어** awaken 〔동사〕 깨우다 / dawn 〔명사〕 새벽
>
> **직역** 내가 새벽을 깨우겠다

32. 흑암과 사망에 빛을 비추라 (마4:12-16) A light has dawned on those living in darkness and death

> **단어 및 숙어** dawn 〔동사〕 동트게 하다
>
> **해설** 우리말로는 명령형이지만 영어로는 서술형이다. / those 다음에는 people이 생략되었다.
>
> **직역** 빛은 어둠과 죽음에서 살고 있는 자들 위에 동을 틔웠다

33. 내 안에 그리스도께서 사시는 것이라 (갈2:20) Christ lives in me.

34. 기도 속에 길이 있다. (요2:1-11) There is a way in prayers.

35. 내 살은 참된 양식이요 (요6:54-56) My flesh is real food. (NIV)

> 단어 및 숙어 flesh 명사 살, 육신

36. 여호와는 나의 목자시니 (시23:1-6) The Lord is my shepherd. (NIV)

> 단어 및 숙어 shepherd 명사 목자

37. 너희와 항상 함께 있으리라 (마28:16-20) I will be always with you.

38. 한 날 괴로움은 그 날에 족하니라 (마6:34) Each day has enough trouble of its own.

> 직역 매일은 그 자신의 충분한 고통을 지닌다.

39. 우리 속엔 요나가 있다. (욘1:1-3) There is Jonah in us.

> 해설 There is (are) ～가 있다.
> 성경해설 요나의 어원은 '비둘기'이다.

40. 주 여호와의 말씀이 이러하시니라 (겔3:4-11) This is what the Sovereign Lord says.

> 단어 및 숙어 Sovereign (n)형용사 군주, 주권자, 국왕, 지배자, 군림하는, 주권이 있는
> 해설 what은 관계대명사로서 'the thing which'로 바꿀 수 있다.

41. 네 믿은 대로 된다. (히11:1-3) It will be done by your faith.

단어 및 숙어 do 〔동사〕 하다 (do-did-done) / faith 〔명사〕 믿음

직역 그것은 너의 믿음에 의해서 행해질 것이다.

42. 반드시 너를 복주고 번성케 하리라 (히6:13-18) I will surely bless you and give you many descendants.

단어 및 숙어 surely (adv) 반드시, 틀림없이 / descendant 〔명사〕 후손, 자손

43. 예수 안에 길이 있다. (요2:1-11) There is a way in Jesus.

해설 There is (are) ~가 있다.

44. 네 길이 형통하고 평탄하리라 (수1:1-9) You will be prosperous and successful.

단어 및 숙어 prosperous 〔형용사〕 번창하는 / prosper 〔동사〕 번창하다, 형통하다

직역 너는 번창하고 성공할 것이다.

45. 보라 내가 새 일을 행하리라 (사43:14-21) See, I am doing a new thing.

해설 NLT version으로는 "I am about to do something new."라고 되어 있다. am doing은 현재진행형으로 '새 일을 하는 중'이고 be about to do는 '막~을 하려고 한다.'의 뜻이다.

46. 너의 하나님 야훼가 너의 가운데 계시니 (습3:14-17) The Lord your God is with you.

해설 The Lord와 your God은 동격이다.

47. 기쁨이 충만하리라 (요16:19-24) Your joy will be complete.

단어 및 숙어 complete 〔형용사〕 완벽한, 충만한

[직역] 너의 기쁨은 완벽하게 될 것이다.

48. 환난을 당하나 담대하라 (요16:29-33) You will have trouble, but take heart.

[단어 및 숙어] trouble [명사] 환난, 고통 / take heart 담대하라
[해설] 서술형(환난을 당하나)과 명령형(담대하라)이 연결되었다.

49. 그가 나의 일에 유익하니라 (딤후4:9-18) He is helpful to me in my ministry.

[단어 및 숙어] helpful [형용사] 도움이 되는 / ministry [명사] 사역

50. 여호와 샬롬 (삿6:11-24) The Lord is Peace.

[성경해설] Jehovah, Shalom의 뜻은 '하나님의 평화'라는 뜻

51. 네가 어디로 가든지 네 하나님 여호와가 너와 함께 하느니라 (수1:9)
The Lord your God will be with you wherever you go.

[해설] wherever는 복합관계부사로서 '어디로 가든지'의 뜻이다.

52. 믿음의 정상에 서면 인생이 해석된다. (창45:1-18)

1) If you stand on the top of faith, life will be easy.
2) Strong faith makes your life easy.

〈마테호른〉

53. 네가 나를 영화롭게 하리로다 (시50:14-15) You will honor me.

54. 혼자서는 클 수 없다. (창21:8-21) One cannot be grown by himself.

> **단어 및 숙어** cannnot ~ 할 수 없다. / grow-grew-grown **동사** 성장하다, 자라다 /
> =by oneself=혼자서=alone
>
> **해설** One은 일반적인 사람을 나타내는 주어이다. / be grown 성장되다

55. 영원히 목마르지 아니하리라 (요4:13-14) You will never thirst.

> **단어 및 숙어** thirst **동사** 목마르다
>
> **해설** 영어의 never (결코~하지 않다)를 우리말 NIV로는 '영원히'로 번역되었다.

56. 내 교회를 세우리니 (마16:13-20) I will build my church.

57. 자녀는 하나님의 기업이다. (시127:1-5) Children are the inheritance of God.

> **단어 및 숙어** inheritance **명사** 유산, 기업
>
> **해설** 이때의 of는 하나님이 주신 유산이므로 주격의 of이다.

58. 침노하는 자는 빼앗느니라 (마11:12) Forceful men lay hold of the kingdom of heaven.

> **단어 및 숙어** invade **동사** 침노하다, 빼앗다 (=encroach) / forceful **형용사** 강압적인, 강제적인 / lay hold of(on, upon) ~을 붙잡다, 쥐다 / kingdom of heaven 천국
>
> **직역** 강압적인 인간은 천국을 붙잡는다

59. 그래도 기도해야 할찌니 (겔36:32-38) In spite of it, we should pray...

> **단어 및 숙어** in spite of ~에도 불구하고, 그래도

60. 내 인생이 달라졌다 (고후5:13-19) My life has been changed.

61. 예수 그리스도는 하나님의 아들이라 (요일4:13-15) Jesus Christ is the Son of God.

62. 승리의 날입니다 (고전15:20-26) It is a day of victory.

63. 내가 세상의 빛이로라 (요9:1-11) I am the light of the world.

64. 없는 자는 있는 것도 빼앗기리라 (마25:26-30) Whoever does not have even what he has will be taken from him.

> **단어 및 숙어** even (adv) ~조차도 / take **동사** 빼앗다 (be taken 빼앗기다) (will be

taken 빼앗기리라)

> **해설** Whoever는 복합관계대명사로서 '누구든지'의 뜻이다. / what은 관계대명사로서 the thing which로 바꿀 수 있다. / Whoever does not have는 복합관계대명사가 사용된 부사절이고 even what he has가 문장 전체의 주어이다.

> **직역** 가지지 않은 자는 누구라도 그가 가진 것조차 그로부터 빼앗기게 될 것이다.

65. 예수 그리스도 안에서 네 믿음을 굳게 하라 (벧전5:8-9) Stand firm in the faith in Jesus Christ

> **단어 및 숙어** firm (형용사) 굳은, 단단한, 확고한

> **해설** stand firm은 확고한 상태로 서라 / 영어의 형용사 firm은 우리말로 번역될 경우 부사 '확고하게'가 된다.

66. 네 이름을 존귀케 만들어주리라 (삼하7:8-16) I will make your name great.

> **해설** 5형식 문장(S+V+O+OC)으로서 직역하면, "나는 너의 이름을 위대하게 만들어 주겠다" / 영어의 형용사 great은 우리말로 '위대하게'라는 부사로 번역된다.

67. 내가 먼저 (행16:25-31) 1) Let me do it first.   2) I'll do it first.

> **해설** Let은 사역동사로서 다음에 O+R이 와야 한다. Let+O+R.

> **직역** 나로 하여금 그것을 맨 먼저 행하게 해다오 / 나는 그것을 맨 먼저 행할 것이다.

68. 경배하고 예물을 드리니라 (마2:10-11) They worshipped him and presented him with the gifts.

> **단어 및 숙어** worship (동사) 경배하다 / present (동사) 선물을 주다 / gift (명사) 예물, 선물

> **성경해설** They는 동방박사, 즉 Magi를 의미하며, him은 아기 예수님이다.

69. 나는 부활이요 생명이니라 (요11:25-27) I am the resurrection and the

life.

단어 및 숙어 resurrection 명사 부활

〈주님승천교회〉

70. 하나님이 죽은 자 가운데서 그를 살리셨도다 (행3:14-16) God raised him from the dead.

단어 및 숙어 raise 동사 부활하다, 다시 살리다 / the dead=dead people=죽은 사람들

71. 믿음의 정상에서 서면 하나님이 보인다 (창22:7-14)

1) If you are on the top of faith, you can see God. (복문)

2) The top of faith makes you see God. (단문)(5형식문장)

3) Very strong faith shows you God. (단문)(4형식문장)

직역 1) 만약 네가 믿음의 꼭대기 위에 있다면, 너는 하나님을 볼 수 있다.

2) 믿음의 꼭대기는 네가 하나님을 보도록 해준다.

3) 매우 강한 믿음은 너에게 하나님을 보여준다.

72. 성령은 전도하게 한다. (행1:8) The Holy Spirit makes us preach the Gospel.

단어 및 숙어 preach 동사 가르치다, 전도하다, 설교하다

직역 성령은 우리로 하여금 복음을 가르치게 한다.

73. 내가 너를 내 손바닥에 새겼고 (사49:16) I have engraved you on the palms of my hands.

단어 및 숙어 engrave 동사 새기다 / palm 명사 손바닥

74. 이르매 거두리라 (갈6:6-10) At the proper time we will reap a harvest.

단어 및 숙어 proper 형용사 적당한, 알맞은 / reap 동사 수확하다, 거두다 / harvest 명사 수확, 추수

직역 적당한 때에 우리는 수확을 거둘 것이다.

75. 너희가 주어라 (왕하5:20-24)(롬1:1-6)(눅9:10-17) You give them something (to eat).

직역 너희가 그들에게 먹을 것을 주어라

76. 내가 주께 감사하리이다 (시118:14-21) I will give thanks to the Lord.

77. 만민을 구원하겠습니다 (마4:23-25) 1) I will save all the people.
2) I will save the whole nation.

단어 및 숙어 save 동사 구하다, 구원하다

78. 이웃사랑이 축복이다. (롬13:9-10) Loving your neighbors is blessing.

해설 우리말을 풀어서 표현하면, "너의 이웃사람들을 사랑하는 것은 축복이다."

79. 양은 예수님을 안다 (요10:6-15) The sheep knows Jesus.

직역 양떼는 예수님을 안다. sheep은 '양떼'

80. 신앙생활은 영적 전쟁입니다 (마28:16-20) Religious life is spiritual war.

단어 및 숙어 religious **형용사** 종교적인 / spiritual **형용사** 영적인

81. 진리가 너희를 자유케하리라 (요8:31-36) The truth will set you free.

단어 및 숙어 set...free ~을 자유롭게 하다

82. 당신은 귀한 분입니다 (벧전2:9-10) You are a precious person.

단어 및 숙어 precious **형용사** 값비싼, 고귀한, 귀중한

83. 내가 반드시 너에게 복주고 복주리라 (히6:1-20) I will surely bless you.

단어 및 숙어 surely (adv) 반드시, 꼭 / bless **동사** 복을 주다
직역 내가 반드시 너를 축복하겠다.

84. 절망은 없다. (고후4:16-18) We do not lose heart.

단어 및 숙어 lose heart 상심하다, 절망하다
직역 우리는 상심하지 않는다.

85. 든든히 지켜야합니다 (눅11:14-22) We should guard our own house.

단어 및 숙어 guard **동사** 지키다, 보호하다
직역 우리는 우리 자신의 집을 지켜야한다.

86. 하나님의 뜻대로 살아야합니다 (마7:13-23) You should live a life as the will of God.

단어 및 숙어 will 명사 뜻, 의지

직역 너는 하나님의 뜻대로 인생을 살아야 한다.

87. 야훼는 나의 목자 (시23) God is my shepherd.

단어 및 숙어 shepherd 명사 목자

88. 부르짖을 때 응답 받는다 (시18:6) When we cry to our God, he answers.

직역 우리가 우리의 하나님께 소리 지르면, 그는 대답 하신다.

89. 하나님은 결코 침묵하지 않으신다 (창20:1-18) God is never silent.

단어 및 숙어 silent 형용사 말 없는, 침묵의

90. 내가 그를 너희에게 보내리니 (요16:1-7) I will send you him.

91. 여호와는 나의 힘 (출15:1-27) The Lord is my strength.

92. 하나님의 나라가 이런 자의 것이니라 (막10:13-16) The kingdom of God belongs to such as these.

단어 및 숙어 belong to ~에게 속하다

직역 하나님의 왕국은 이들과 같은 자들에게 속해 있다.

93. 여호와의 영광이 가득하였더라 (왕상8:1-11) The glory of the Lord filled his temple.

단어 및 숙어 temple 명사 성전 / glory 명사 영광

직역 주님의 영광이 그의 성전을 가득 채웠다.

94. 꿈은 이루어진다 (잠29:18-27) Your dream will come true.

> **단어 및 숙어** come true 실현되다(=realize)
>
> **직역** 너의 꿈은 실현될 것이다.

95. 죽은 것이 아니라 잔다 (막5:35-43) The child is not dead but asleep.

> **단어 및 숙어** not A but B: A가 아니라 B이다. / dead **형용사** 죽은 / asleep **형용사** 잠이 든

96. 나 외에 다른 신이 없느니라 (사44:1-28) Apart from me there is no God.

> **단어 및 숙어** apart from ~을 제외하고, ~은 별문제로 하고
>
> **직역** 나를 제외하고는 신이 없다.

97. 내 영을 너희 속에 두리라 (겔37:11-14) I will put my Spirit in you.

98. 네 어두움이 낮과 같이 되리라 (사58:9-12) Your light will rise in the darkness.

> **단어 및 숙어** light **명사** 빛 / rise **동사** 떠오르다
>
> **직역** 너의 빛이 어둠 속에서 떠오를 것이다.

99. 네 믿음이 크도다 (마15:21-28) 1) You have great faith. 2) Your faith is great.

> **직역** 1) 너는 커다란 믿음을 갖고 있다. 2) 너의 믿음은 크다.

100. 소원은 성취되어야 한다. (창1:1-8) Hope should be achieved.

> **단어 및 숙어** achieve **동사** 성취하다, 이루다
>
> **직역** 희망은 성취되어져야만 한다.

101. 보배를 질그릇에 담았으니 (고후4:7) We have this treasure in jars of clay.

> **단어 및 숙어** treasure [명사] 보배, 보물 / jar [명사] 단지 / clay [명사] 진흙
>
> **직역** 우리는 진흙단지 안에 이 보물을 가지고 있다.

102. 주밖에는 나의 복이 없나이다. (시16:1-11)

1) Apart from you, I have no good thing. (NIV)
2) Every good thing I have comes from you. (NLT)

> **단어 및 숙어** apart from ~은 제외하고, ~은 별문제로 하고
>
> **직역** 1) 당신을 제외하고, 너는 좋은 것을 가지고 있지 않다.
> 2) 내가 가진 모든 좋은 것은 당신으로부터 온다.

103. 여호와를 송축하라 (시16:6-8) I will praise the Lord.

> **단어 및 숙어** praise [동사] 송축하다, 찬양하다
>
> **직역** 나는 주님을 송축할 것이다.

104. 내가 채우리라 (시81:8-10) I will fill it.

> **직역** 내가 그것을 채울 것이다.

105. 위기가 기회 (왕하20:1-7) A crisis is a chance.

> **단어 및 숙어** crisis [명사] 위기
>
> **직역** 위기가 기회이다.

106. 너희가 살아나리라 (겔37:1-6) You will come to life.

> **단어 및 숙어** come to life 소생하다, 의식을 회복하다, 제정신이 들다, 활기띠다
>
> **직역** 너희가 소생할 것이다.

107. 이 비밀이 크도다 (엡5:31-33) This is a profound mystery.

> **단어 및 숙어** profound **형용사** 심오한, 깊이 있는 / mystery **명사** 신비, 비밀
>
> **직역** 이것은 심오한 신비이다.

108. 네 길을 지도하시리라 (잠3:6) He will make your path straight.

> **단어 및 숙어** path **명사** 길 / straight **형용사** 곧은, 일직선의, 똑바로
>
> **직역** 그는 너의 길을 곧게 만들어주실 것이다.

109. 내 은혜가 네게 족하도다 (고후12:7-10) My grace is sufficient for you.

> **단어 및 숙어** grace **명사** 은혜 / sufficient **형용사** 충족한, 만족한
>
> **직역** 나의 은혜가 너에게 충족하다.

110. 사람이 자기 일을 계획해도 성취는 하나님께 있다. (잠16:1,9) In his heart a man plans his course, but the LORD determines his steps.

> **단어 및 숙어** determine **동사** 결정하다 steps **명사** 보행
>
> **직역** 그의 마음 속에 인간은 그의 과정을 계획하지만, 주님은 그의 보행을 결정하신다.

111. 내 영혼이 주를 찾기에 갈급하나이다. (시42:1-5) My soul pants for you.

> **단어 및 숙어** pant **동사** (for) 갈망하다
>
> **직역** 내 영혼은 당신을 갈망한다.

112. 영의 눈으로 볼 수 있어야 한다. (벧전1:10-12) We should see with the Spirit of Christ.

> **직역** 우리는 그리스도의 영으로 봐야 한다.

113. 내가 너희 무덤을 열리라 (겔37:11-14) I am going to open your graves.

> **단어 및 숙어** be going to ~할 예정이다. / grave **명사** 무덤
> **직역** 나는 너희 무덤을 열 계획이다.

114. 너희는 기도할 때에 이렇게 하라 (눅11:1-13) 1) When you pray, do like this. 2) When praying, do like this.

115. 약한 그때에 강함이니라 (고후12:1-10) My power is made perfect in weakness.

> **단어 및 숙어** perfect **형용사** 완벽한, 온전한 / weakness **명사** 약함
> **직역** 나의 능력은 약함 속에서 완벽하게 된다.

116. 그들의 열매로 그들을 알리라 (마7:15-20) By their fruit you will recognize them.

> **단어 및 숙어** recognize **동사** 깨닫다, 의식하다
> **직역** 그들의 열매로 너는 그들을 깨닫게 될 것이다.

117. 모든 것을 더하시리라 (마6:31-34) All these things will be given to you as well.

> **단어 및 숙어** as well=too 또한, 마찬가지로 / give **동사** 주다 (give-gave-given) / be given 받다
> **직역** 이 모든 것들이 또한 너에게 주어질 것이다. (=너는 또한 이 모든 것들을 받을 것이다.)

118. 성령이 내게 임하셨으니 (눅4:18-19) The Spirit of the Lord is on me.

> **직역** 주님의 성령이 내 위에 계신다

119. 나는 청지기 (창1:28) I am a foreman. 또는 I am a steward. (딛1:7)

> **단어 및 숙어** foreman 또는 steward **명사** 집사, 재산관리인
>
> **해설** stewardship **명사** 청지기 정신

120. 내가 내 영을 부어주리라 (행2:17-19) I will pour out my Spirit.

> **단어 및 숙어** pour out 따르다, 붓다, 흘리다

03
명령문과 부정명령문

3-1. 명령문

1. 네 형제와 화목하라 (마5:23-24) Be reconciled to your brother.

> **단어 및 숙어** reconcile **동사** 화해시키다 / reconcile A to(with) B: A를 B와 화해시
> 키다

2. 여호와를 신뢰하라 (대하20:20-21) Have faith in the Lord your God.

> **직역** 믿음을 가져라 너희의 하나님 주님에게

3. 부활의 능력을 회복하라 (요21:1-14) Restore the power of resurrection.

> **단어 및 숙어** restore **동사** 회복하다 / resurrection **명사** 부활

4. 서로 기도하라 (약5:13-18) Pray each other.

5. 이 산을 바다에 던지라 (막11:20-24) Throw this mountain into the sea.

6. 기적의 때를 기억하라 (마15:32-39) Remember the time of miracle.

> **단어 및 숙어** miracle **명사** 기적
>
> **직역** 기억해라 기적의 시간을

7. 주님이여 이 손을 붙잡으소서 (마14:22-32) Lord, catch me by the hand.

> **해설** 나의 손을 잡다 catch me by the hand / 나의 옷소매를 잡다 catch me by the sleeve / 그의 등을 톡톡 두드리다 pat him by the back

8. 오직 사랑 안에서 참된 것을 말하라 (엡4:15-16) Speak the truth in love.

9. 하나님께 감사하라 (합3:17-19) (시118:14-29) Give thanks to God.

10. 주의 길을 준비하라 (눅3:4-6) Prepare the way for the Lord.

11. 가서 너도 이와 같이 하라 (눅10:36-37) Go and do likewise.

> **단어 및 숙어** likewise (ad) 똑같이, 마찬가지로

12. 주 너의 하나님을 사랑하라 (막12:30-31) Love the Lord, your God.

13. 항상 기도하며 깨어 있으라 (눅21:34-36) Be always on the watch and pray.

> **단어 및 숙어** watch **명사** 밤샘, 깨어 있음(=wake)

14. 그들의 믿음을 본받으라 (히13:5-8) Imitate their faith.

> **단어 및 숙어** imitate **동사** 모방하다, 본받다

15. 너의 염려를 다 주께 맡기라 (벧전5:6-11) Cast all your anxiety on Lord.

> **단어 및 숙어** anxiety **명사** 걱정, 근심 / cast **동사** 던지다
>
> **직역** 너의 모든 걱정을 주님께 던져라

16. 하나님을 시험하여 보라 (말3:7-12) Challenge God

> **단어 및 숙어** challenge **동사** 도전하다
>
> **직역** 하나님께 도전하라

17. 야훼를 바랄지어다 (시131:1-3) Put your hope in the Lord.

> **직역** 너의 희망을 주님 안에 두어라

18. 너희 행사를 여호와께 맡기라 (잠16:3) Commit to the Lord whatever you do.

> **단어 및 숙어** commit **동사** 위탁하다, 맡기다
>
> **직역** 네가 무엇을 하든지 주님께 의탁하라

19. 네 원수를 사랑하라 (마5:43-48) Love your enemies.

> **단어 및 숙어** enemy **명사** 적

20. 일어나 걸어라 (행3:1-10) Stand up and walk.

21. 길이 참고 마음을 굳게 하라 (약5:7-11) Be patient and stand firm.

> **단어 및 숙어** be patient 참아라, 인내해라 / firm **형용사** 확고한, 굳은, 견고한

22. 도리어 복을 빌라 (벧전3:8-12) Repay with blessing.

> **단어 및 숙어** repay **동사** 갚다, 보답하다, 되돌리다

직역 축복으로 보답해라

23. 여호와여 나를 판단하소서 (시26:1-9) Vindicate me.

단어 및 숙어 vindicate 동사 입증하다

24. 좁은 문으로 들어가라 (마7:13-14) Enter through the narrow gate.

25. 강하고 담대하라 (신31:6-8) Be strong and courageous.

해설 행복해라: Be happy! / 즐거워하여라 Be joyful! / 형용사 앞에 반드시 be동사가
들어가야 한다. / 강해라 Be strong! / 담대하여라(용감해져라) Be courageous!

26. 모든 사람을 존중하라 (빌2:1-5) Respect all the people.

27. 항아리에 물을 채우라 (요2:2-11) Fill the jars with water.

28. 선으로 악을 이기라 (창50:15-21)(롬12:16-21)(눅6:39-42) Overcome evil with good.

단어 및 숙어 overcome 동사 극복하다, 이겨내다

29. 범사에 감사하라 (살전5:18) Give thanks in all circumstances.

단어 및 숙어 circumstance 명사 상황, 환경, 형편

직역 모든 상황에 감사드려라

30. 감사하는 자가 되라 (골3:15-17) Be the one who gives thanks.

직역 감사를 주는 자가 되어라

31. 쟁기를 잡으라 (눅9:57-62) Put your hand to the plow.

> **단어 및 숙어** plow 〔명사〕 쟁기
>
> **직역** 너의 손을 쟁기에 두어라

32. 항상 기뻐하라 (빌4:4-7) Rejoice in the Lord always.

> **단어 및 숙어** rejoice in 〔동사〕 기뻐하다, 좋아하다, 축하하다

33. 믿음의 선한 싸움을 싸우라 (딤전6:11-12) Fight the good fight of the faith.

> **해설** 앞부분의 Fight는 동사, good 다음에 오는 fight는 명사이다.

34. 감사함을 넘치게 하라 (골2:6-7) Overflow with thankfulness.

> **단어 및 숙어** overflow 〔동사〕 넘치다

35. 거두는 자로 불러주신 주님께 감사하라 (요4:35-36) Give thanks to the Lord who calls us as reapers.

> **단어 및 숙어** reap 〔동사〕 거두다, 수확하다 / reaper 〔명사〕 거두는 사람 / give thanks to ~에게 감사하다

36. 다가올 인생의 겨울을 준비하십시오 (딤후4:9-22) Be ready for the coming winter of life

> **단어 및 숙어** be ready for ~을 준비하다
>
> **해설** coming은 뒤에 오는 winter를 꾸며주는 현재분사이다.

37. 잠잠하라, 고요하라 (막4:35-41)

1) Quiet ! Be still ! (NIV)

2) Silence ! Be still ! (NLT)

38. 최선을 다하라 (신6:4-9) Do your best.

> **단어 및 숙어** do one's best 최선을 다하다
>> **예문** Do your best in studying English. (영어공부에 너의 최선을 다해라)

39. 묵은 땅을 기경하라 (호10:9-15) Break up your unplowed ground.

> **단어 및 숙어** break up 분쇄하다, 해체하다, 해산하다 / plow **동사** 경작하다 / unplowed 경작되지 않은
> **직역** 너의 경작되지 않은 땅을 해체해라

40. 이렇게 기도하라 (마6:1-13) Pray like this.

> **직역** 이와 같이 기도해라

41. 너는 내게 부르짖으라 (렘33:1-3) Call to me.

42. 그 결박을 벗어버려라 (시2:1-6) Throw off their fetters.

> **단어 및 숙어** throw off 떨쳐버리다, (옷, 습관) 벗어던지다 / fetter (보통 복수형으로 쓰임) 족쇄, 차꼬, 속박, 구속

43. 아버지의 원대로 하옵소서 (마26:36-46) Do as Father's will.

> **단어 및 숙어** will **명사** 의지

44. 나를 본받으라 (고전11:1) Follow my example.

45. 나사렛 예수 그리스도의 이름으로 일어나 걸으라 (행3:1-10) In the name of Jesus Christ of Nazareth, stand up and walk.

46. 그물을 오른편에 던지라 (요21:1-11) Throw your net on the right side of the boat.

47. 고난을 기뻐하라 (고후12:7-10) Delight in sufferings.

> **해설** sufferings 대신에 hardships를 써도 된다.
>
> **해설** Delight은 동사이다.

48. 시험에 들지 않게 기도하라 (마26:39-41)

1) Pray in order not to be tempted.

2) Pray so as not to be tempted.

3) Pray so that you may not be in temptation.

> **단어 및 숙어** tempt **동사** 유혹하다, 시험하다 / temptation **명사** 유혹, 시험
>
> **해설** in order(so as) to ~하기 위하여 / in order (so as) not to ~하지 않기 위하여
> / so that + S + may + R ~하기 위하여 / so that + S + may + not + R ~하지 않
> 기 위하여

49. 십자가를 지고 따르라 (막8:34-38) Take up your cross and follow me.

50. 어서 와서 조반을 먹어라 (사40:26-31)(벧전1:3-9)(요21:1-14) Come and have
breakfast.

〈베드로수위권교회 내부: 부활하신 예수님께서 제자들을 위해 생선을 구웠던 반석〉

51. 복음을 전파하라 (막16:15) Preach the good news to all creation.

> [해설] to all creation 온 세상에

52. 안식일을 기억하여 거룩하게 지키라 (출20:8)

> 1) Remember the Sabbath day by keeping it holy.(NIV)
>
> 2) Remember to observe the Sabbath day by keeping it holy. (NLT)

> [단어 및 숙어] observe [동사] 지키다, 준수하다 / Sabbath [명사] 안식일
>
> [직역] 그것을 거룩하게 지킴으로써 안식일을 기억해라(NIV)
>
> [직역] 그것을 거룩하게 지킴으로써 안식일을 지킬 것을 기억해라(NLT)

53. 탐심을 물리쳐라 (눅12:13-21) 1) Be on your guard against all kinds of greed. 2) Get rid of all greed.

> [단어 및 숙어] guard [동사] 지키다 / greed [명사] 탐욕 / get rid of ~을 제거하다, 없애다 / kinds 종류
>
> [직역] 모든 종류의 탐심에 저항하여 너를 지켜라 (NIV) / 모든 탐욕을 제거하라 (NLT)

54. 예수님과 사랑의 허그하세요 (눅15:20) 1) Give Jesus the hugging of love. 2) How about hugging of love with Jesus?

> [단어 및 숙어] hug [동사] 껴안다 / how about...ing? ~하는게 어때?
>
> [직역] 1) 예수님에게 사랑의 껴안기를 주어라
>
> 2) 예수님과 사랑의 껴안기를 하는 것은 어때?

55. 자비를 구하라 (마5:38-42) Seek mercy.

> [단어 및 숙어] seek [동사] 구하다 / mercy [명사] 자비, 사랑

56. 성령으로 새롭게 무장하라 (행9:10-19) Rearm yourself with the Holy Spirit

단어 및 숙어 arm 동사 무장하다 / rearm 동사 재무장하다

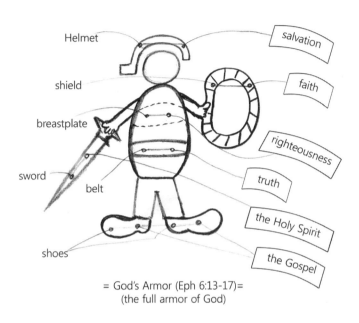

Helmet — salvation
shield — faith
breastplate
righteousness
sword
belt — truth
the Holy Spirit
shoes — the Gospel

= God's Armor (Eph 6:13-17)=
(the full armor of God)

57. 깨어 있으라 (시55:1-2)(약2:14-17)(막13:32-37) Keep watch.

단어 및 숙어 watch 명사 깨어 있기, 경계

58. 낙망하지 말라 (눅18:1-8) Don't be in despair.

단어 및 숙어 be in despair 절망에 빠지다, 낙담하다

59. 복음의 능력을 체험하라 (출3:10-20) Experience the power of the gospel

단어 및 숙어 experience 동사 경험하다, 체험하다

60. 염려하지 말라 (마7:7-12) Do not worry. (=Don't worry)

61. 울고 통곡하라 (약5:1-6) Weep and wail.

> 단어 및 숙어 weep 동사 눈물을 주르륵 흘리다 / wail 동사 통곡하다

62. 빛의 자녀가 되라 (마5:13-16) Be the children of light.

63. 환난 날에 나를 부르라 (시50:14-15) Call upon me in the day of trouble.

64. 열매를 많이 맺으라 (요15:1-8) Bear much fruit.

> 해설 fruit는 물질명사이므로 much가 쓰이며 복수형-s가 붙지 않는다

65. 먼저 심령의 변화를 (왕하23:21-27) Above all, change your spirit.

> 단어 및 숙어 above all 무엇보다도, 먼저

66. 실로암에 가서 씻으라 (요9:1-7) Go and wash in the Pool of Siloam.

> 성경해설 Siloam(실로암)의 어원: 보냄을 받았다.

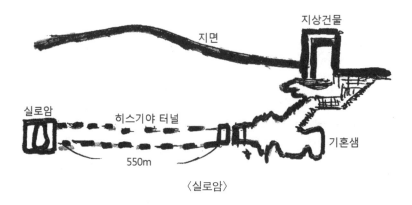

〈실로암〉

67. 옛 사람을 벗고 새 사람을 입으라 (엡4:22-24) Put off your old self and put on the new self.

단어 및 숙어 put on 입다 / put off 벗다

68. 인생의 밤을 하나님과 함께하라 (시134:1-3) Let the night of life be with God.

해설 let은 사역동사로서 목적어 the night of life 다음에 동사원형 be가 왔다

69. 성령을 받으라 (요20:22-23) Receive the Holy Spirit.

70. 너는 내게로 돌아오라 (사44:21-23) Return to me.

71. 네 부모를 공경하라 (출20:12)(신5:16)(엡6:1-3) Honor your father and your mother.

단어 및 숙어 honor **동사** 공경하다, 명예롭게 하다

72. 형제여 우상숭배 하는 일을 피하라 (고전10:14-21) My dear friends, flee from the worship of idols.

단어 및 숙어 flee **동사** 도망가다 / idol **명사** 우상 / flee from ～로부터 도망가다

73. 근신하라, 깨어라 (벧전5:8-11) Be self-controlled and alert.

단어 및 숙어 self-controlled **형용사** 자신을 통제하는 / alert **형용사** 경계하는

74. 꿈과 희망을 노래하라 (합3:16-19) Sing dream and hope.

75. 성령충만함을 받으라 (엡5:18) Be filled with the Spirit.

단어 및 숙어 be filled with ～으로 가득차다

76. 빛의 자녀들처럼 행하라 (엡5:1-14) Live as children of light.

> 단어 및 숙어 live 동사 살다

77. 더욱 더 네 마음을 지키라 (잠4:20-27) Above all else, guard your heart.

> 단어 및 숙어 above all 무엇보다도, 우선 / guard 동사 지키다

78. 내게로 돌아오라 (레26:40-45) Come back to me.

> 단어 및 숙어 come back 돌아오다

79. 나를 보내소서 (사6:1-8) Send me.

80. 너는 하나님과 화목하라 (욥22:21-30) Be at peace with God

> 직역 평화롭게 있어라 하나님과 함께

81. 너를 핍박하는 자를 축복하라 (롬12:14) Bless those who persecute you.

> 단어 및 숙어 persecute 동사 핍박하다 / bless 동사 축복하다
>
> 해설 이 문장은 현재분사를 사용할 수도 있다. Bless those people persecuting you.

82. 그때 그날을 기억하라 (신32:7) Remember the days of old.

83. 예배에 성공하라 (사1:10-17) Be successful in worship.

> 단어 및 숙어 be successful in ~에 성공하다

84. 마음을 강하게 하고 담대히 하라 (수1:9) Be strong and courageous.

> 단어 및 숙어 courage 명사 용기 / courageous 형용사 용기 있는

85. 신을 벗으라 (출3:1-5) Take off your sandals.

> **단어 및 숙어** take off 벗다 / sandal **명사** 신발

86. 네 부모를 즐겁게 하라 (잠23:22-26) May your father and mother be glad! (NIV) So give your father and mother joy ! (NLT)

> **해설** NIV에는 기원문으로, NLT에는 명령문으로 되어 있다.

87. 항상 기뻐하라 (살전5:16) Be joyful always.

88. 생명나무를 선택하라 (창2:16-17) Choose the tree of life.

> **성경해설** 선악과: the tree of knowledge of the good and the evil (확인요망)

89. 귀 있는 자는 들으라 (마13:33-43) He who has ears, let him hear.

> **해설** let + 목적어 him + 동사원형 hear: 그로 하여금 듣게 해라

90. 그 날을 준비하라 (사4:1-6) Prepare that day.

91. 회개하라 천국이 가까웠느니라 (마4::17) Repent, for the kingdom of heaven is near.

> **단어 및 숙어** repent **동사** 회개하다

92. 나의 지역을 넓히소서 (대상4:9-10) Enlarge my territory.

> **단어 및 숙어** enlarge **동사** 확장하다 / territory **명사** 영토

93. 네 식물을 물 위에 던지라 (전11:1-2) Cast your bread upon the waters.

> **단어 및 숙어** cast **동사** 던지다

성경해설 여기에서 '식물'은 영어로 'bread'로 되어 있다.

94. 믿음으로 구하고 찾고 두드려라 (마7:7-12) Seek, find, and knock with faith.

95. 산으로 도망하라 (마24:16-18) Flee to the mountains.

96. 믿고 구하라 (마21:22) Believe and ask for.

97. 하나님의 능력을 체험하라 (수3:1-17) Experience the power of God.

단어 및 숙어 experience 동사 체험하다, 경험하다

98. 너희 몸을 산 제물로 드리라 (롬12:1-2) Offer your bodies as living sacrifices.

단어 및 숙어 offer 동사 제공하다 / sacrifice 명사 제물, 희생 / living 형용사 살아 있는

99. 적 그리스도를 경계하라 (요일2:18-29) 1) Take precautions against antichrists. 2) Watch for antichrists. 3) Look out for antichrists.

단어 및 숙어 precaution 명사 경계, 주의 / antichrist 명사 적그리스도

100. 하나님을 앙망하라 (사40:28-31) Hope in the Lord.

101. 진심으로 주님을 영접하라 (마21:1-11) Receive warmly the Lord.

단어 및 숙어 receive 동사 영접하다 / warmly 형용사 따뜻하게, 진심으로

102. 시험에 들지 않게 깨어 있어 기도하라 (막14:32-42) Watch and pray so that you will not fall into temptation.

단어 및 숙어 temptation 명사 유혹, 시험 / so that + S + will + R ~하기 위해서

103. 먼저 네 눈속에서 들보를 빼어라 (마7:3-4) First of all, take a plank out of your eyes.

단어 및 숙어 plank 들보 / speck 티 / first of all 먼저, 우선

104. 믿음의 분량대로 생각하라 (롬12:1-3) Think of yourself in accordance with the measure of faith.

단어 및 숙어 in accordance with ~에 조화를 이루어 / measure 명사 분량, 척도

105. 다음 세대를 준비하라 (신6:4-9) Prepare the next generation.

단어 및 숙어 generation 명사 세대

106. 먼저 하나님께 예배를 드리라 (대하1:1-6) First of all, go to church.

단어 및 숙어 first of all 우선, 먼저 / go to church 예배를 드리다

107. 예수님의 이름으로 저희를 보호하소서 (요17:11-13) Please protect us in the name of Jesus.

단어 및 숙어 protect 동사 보호하다 / in the name of Jesus 예수님의 이름으로

108. 목마른 자는 와서 생수를 마셔라 (요7:37-38) 1) If anyone is thirsty, let him come to me and drink. 2) Those who are thirsty, come and drink living water.

단어 및 숙어 thirsty 형용사 목마른

해설 those 다음에는 people이 생략돼 있다.

109. 첫사랑을 회복하라 (계2:1-7) Restore the first love.

> 단어 및 숙어 restore 동사 회복하다

110. 깨어 준비하라 (눅12:36-40) Watch and be ready.

> 단어 및 숙어 be ready 준비하다

111. 하나님 말씀에 순종하라 (삼상15:22)(히4:12-13) Obey the word of the Lord.

> 단어 및 숙어 obey 동사 순종하다, 복종하다
> 직역 순종하라 주님의 말씀에

112. 하나님의 뜻을 온전히 분별하라 (롬12:2-3) Approve perfectly what God's will is.

> 단어 및 숙어 approve 동사 인정하다 / will 명사 의지, 뜻 / perfectly (ad) 완벽하게
> 직역 하나님의 의지가 무엇인지 완벽하게 인정해라

113. 고난을 정복하라 (욥1:20-22) Conquer the sufferings.

> 단어 및 숙어 conquer 동사 정복하다 / suffering 명사 고통, 고난

114. 여리고를 무너뜨려라 (수6:1-17) Collapse Jericho.

> 단어 및 숙어 collapse 무너뜨리다

115. 개미에게 가서 배우라 (잠6:6-8) Go to the ant and learn.

116. 기름이 떨어진 줄 알라 (마25:1-13) Know (that) the lamp ran out of gas.

단어 및 숙어 run out of ~이 다 떨어지다

해설 know 다음에는 종속접속사 that이 생략돼 있다.

117. 범사에 하나님을 인정하라 (잠3:5-10) In all your ways, acknowledge the God.

단어 및 숙어 acknowledge 동사 인정하다

118. 장애물을 극복하라 (마15:21-28) Clear a hurdle.

단어 및 숙어 clear 동사 제거하다, 없애다 / clear a hurdle 장애를 극복하다, 장애물을 넘다

119. 문제를 당할 때 먼저 하늘을 쳐다보라 (마11:28-30) When you are in trouble, to begin with, look up the sky.

단어 및 숙어 be in trouble 곤란을 겪다 / look up 쳐다보다 / to begin with 우선, 먼저

120. 성 위에 서서 하나님의 음성을 기다리라 (합2:1-4) Stand on the ramparts and wait what God will say.

단어 및 숙어 rampart 명사 성벽, 성

〈에딘버러 성〉

121. 야훼께 맡기라 (잠16:3) Commit to the Lord.

> 단어 및 숙어 commit 동사 맡기다

122. 주님의 선하심을 맛보아 알라 (시34:1-10) Taste and see that the Lord is good.

> 해설 that은 종속접속사로서 생략할 수 있다. / see는 '보다'가 아니라 '알다'의 뜻이다.

123. 쉬지 말고 기도하라 (살전5:16-18) Pray continually.

> 직역 끊임없이 기도해라

124. 이삭을 번제로 드려라 (창22:1-8) Sacrifice Issac as a burnt offering.

> 단어 및 숙어 sacrifice 동사 희생하다 / burnt 태워진 (burn 태우다-burn-burnt-burnt) / offering 명사 제물

125. 땅 끝까지 내 증인이 되라 (행1:8) Be my witnesses to the ends of the earth.

> 단어 및 숙어 witness 명사 증인

126. 더 나은 본향을 사모하라 (히11:13-16) Long for a better country.

> 단어 및 숙어 long for ~을 갈망하다, 사모하다
> 직역 더 나은 나라를 갈망해라

127. 마귀를 대적하라 (벧전5:8-10)(약4:6-7) Resist the devil.

> 단어 및 숙어 resist 동사 저항하다 / devil 명사 악마

128. 벧엘로 올라가라 (창35:1-8) Come up to Bethel.

> **성경해설** Beth은 '집' el은 '하나님'의 뜻이다.

129. 언약궤를 따라가라 (출37:1-9) Follow the ark of the covenant

> **단어 및 숙어** ark 명사 방주 / covenant 명사 언약

130. 항상 기도하고 낙심하지 말라 (눅18:1-8) Always pray and don't be in despair.

3-2. 부정명령문

> ☞부정명령문의 경우에는 동사의 앞에 'Do not'을 써주면 된다.
>
> 예문 두려워 말라 놀라지 말라 (사41:10) Do not fear, do not be dismayed.
>
> 단어 및 숙어 fear 동사 두려워하다 / dismay 동사 당황케 하다, 실망시키다 / be dismayed 실망하다, 낙담하다, 당황하다
>
> 직역 두려워하지 말라, 당황하지 마라

1. 두려워하지 말라 (사41:8-10) Do not fear.

2. 성령을 소멸하지 말라 (살전5:19-22) 1) Do not put out the Spirit's fire.
2) Do not get rid of the Holy Spirit.

> **단어 및 숙어** put out=get rid of=remove=abolish=eradicate=소멸하다, 없애다

3. 악을 악으로, 욕을 욕으로 갚지 말고 도리어 복을 빌라 (벧전3:8-9)
Do not repay evil with evil or insult with insult, but with blessing.

4. 세상과 타협하지 말라 (창34:8-17) Do not reconcile with the world.

> **단어 및 숙어** reconcile **동사** 타협하다

5. 칼을 쓰지 말라 (요18:1-11) 1) Put your sword away. 2) Do not draw the sword.

> **단어 및 숙어** draw the sword (칼을)빼다 / put the sword (칼을 칼집에)집어넣다

6. 비판하지 말라 (마7:1-5) Do not judge.

7. 자녀를 노엽게 하지말라 (엡6:1-4) Do not exasperate your children.

> **단어 및 숙어** exasperate **동사** 성나게 하다, 격분시키다 / exasperation **명사** 격분

8. 마음을 상하지 말라 (출6:9) Do not be discourageous.

> **단어 및 숙어** courage **명사** 용기 / courageous **형용사** 용기 있는 / encourage **동사** 격려하다, 사기를 북돋다 / discourage **동사** 사기를 꺾다 / discourageous **형용사** 사기를 꺾는, 낙담시키는, 마음을 상하게 하는

9. 우로나 좌로나 치우치지 말라 (수1:1-9) Do not turn from it to the right or to the left.

10. 환난과 핍박에 넘어지지 말라 (마24:18, 13:20-21) Do not fall into distress and persecution.

> **단어 및 숙어** distress **명사** 환난 / persecution **명사** 핍박

11. 하나님의 축복을 포기하지 말라 (히11:8-10) Do not give up the bless of God.

단어 및 숙어 give up 포기하다

12. 낙망하고 불안해하지 말라 (시42:5) Do not be downcast and disturbed.

단어 및 숙어 downcast 형용사 기가 꺾인, 풀 죽은 / disturbed 형용사 불안한, 정신 (정서)장애의

13. 고난 받는 것을 이상히 여기지 말라 (벧전4:12-16) Do not be surprised at the painful trial (that) you are suffering

단어 및 숙어 be surprised 놀라다 / painful 형용사 고통스러운 / trial 명사 고난, 시련 / suffer 동사 고통 받다, 괴로워하다

해설 that은 목적격관계대명사로서 생략할 수 있다.

14. 하나님을 떠나지 말라 (왕상11:9-13) Do not turn away from the Lord.

15. 네 손을 늘어뜨리지 말라 (습3:14-17) Do not let your hands hang limp.

단어 및 숙어 limp 형용사 무기력한, 맥이 빠진, 생기 없는, 지친

해설 let은 사역동사로서 목적어 your hands 다음에 동사원형 hang이 왔다

16. 마귀에게 속지말라 (출8:25-32) Do not be deceived by the devil.

단어 및 숙어 deceive 동사 속이다, 기만하다 / be deceived 속다 / devil 명사 악마

17. 두려워말며 놀라지 말라 (수1:9) Do not be terrified and do not be discouraged.

단어 및 숙어 terrify 동사 놀라게 하다 / be terrified 놀라다 / be discouraged 낙담하다

18. 제단의 불을 끄지 말라 (레6:8-13) Do not go out the fire on the altar.

> **단어 및 숙어** altar 명사 제단, 제대 / go out 끄다

19. 울지 말고 일어나라 (눅7:11-17) Don't cry and get up.

> **단어 및 숙어** get up 일어나다

20. 이 세대를 본받지 말라 (롬11:33-12:2) Do not conform any longer to the pattern of this world.

> **단어 및 숙어** conform 동사 순응하다 / not...any longer 더 이상~하지 않다

04

청유적 명령문: "~합시다": Let's + R

4-1. 청유적 명령문

1. 나의 달란트를 개발하고 활용하자 (마25:14-30) **Let's develop my talent and use it.**

> **단어 및 숙어** develop 동사 개발하다 / talent 명사 재능, 탤런트

2. 새사람으로 삽시다 (사62:1-3) **Let's live as a new person.**

3. 좋은 이웃이 됩시다 (롬15:1-13) **Let's be good neighbors.**

> **단어 및 숙어** neighbor 명사 이웃

4. 하나님의 능력을 체험하자 (수3:1-6) **Let's experience the power of God.**

> **단어 및 숙어** experience 동사 경험하다, 체험하다

5. 기도의 손을 들자 (출17:8-16) **Let's raise the hand of prayer.**

> **단어 및 숙어** raise 동사 올리다

6. 안드레의 믿음을 가집시다 (약2:26) Let's have the faith of Andrew.

7. 감사로 제사를 드립시다 (시50:22-23) Let's sacrifice thank offerings.

8. 위로의 주님을 바라보자 (히12:1-2) Let's fix our eyes on Jesus of consolation.

> 단어 및 숙어   consolation 명사 위로, 위안 / fix eyes on ~을 쳐다보다, 바라보다

9. 부활하신 주님을 만나자 (요20:19-22) Let's meet the resurrected Lord.

> 단어 및 숙어   resurrect 동사 부활하다 / resurrected 형용사 부활하신

10. 덕을 세우며 삽시다 (고전10:23-31) Let's live a constructive life.

> 단어 및 숙어   constructive 형용사 덕이 있는, 건설적인

11. 항상 긍정적인 생각을 하며 살자 (고후1:18-22) Always look on the bright side.

> 단어 및 숙어   look on the bright side 긍정적인 면을 보다

12. 부활의 소망을 갖고 삽시다 (고전15:12-58) Let's live with the hope of resurrection.

> 단어 및 숙어   resurrection 명사 부활

13. 마른 손을 회복하자 (눅6:6-11) Let's restore the shriveled hand.

> 단어 및 숙어   restore 동사 회복하다 / shrivel 동사 주름지게 하다, 위축시키다 / shriveled 형용사 주름진

14. 복음을 전하자 (눅4:18-21) Let's preach the good news.

15. 위기를 믿음으로 극복하자 (행27:9-22) Let's overcome the crisis with faith.

> **단어 및 숙어** overcome 동사 극복하다 / crisis 명사 위기

16. 나의 사명을 알자 (창16:7-11) Let's realize my mission.

> **단어 및 숙어** realize 동사 알다, 깨닫다, 각성하다 / mission 명사 임무, 사명

17. 용사가 됩시다 (수1:5-18) Let's be fighting men.

18. 주일을 잘 지킵시다 (사56:6-7) Let's go to church every Sunday.

> **단어 및 숙어** go to church 예배를 드리다
>
> **직역** 주일을 잘 지킵시다, 주일예배를 반드시 드립시다

19. 가자 우리가 주님께 돌아가자 (호6:1-3) Come, let us return to the Lord.

> **직역** 가자, 되돌아가자 주님께로

20. 일어나 함께 가자 (막14:37-42) Rise, let's go.

> **직역** 일어나서, 갑시다

〈베네치아: 산 마르크 성당〉

21. 투자합시다 (갈6:6-10) Let's invest.

> 단어 및 숙어 invest 동사 투자하다

22. 예수님을 모시고 살자 (마8:23-27) Let's live with Jesus.

23. 하나님께 마음을 드리자 (잠23:26) Let's give our heart to the Lord.

> 직역 우리의 마음을 주님께 드립시다

24. 하나님의 뜻대로 삽시다 (살전5:16-18) Let's live a life as God's will.

> 단어 및 숙어 live a life 인생을 살다

25. 깨어 기도합시다 (마26:42-46) Let's watch and pray.

> 단어 및 숙어 watch 동사 마음을 쓰다, 주의하다, 조심하다, 주시하다
> 직역 주의해서 기도합시다

26. 예수님처럼 생각하고 행동합시다 (민14:14-24) Let's think and do as Jesus.

27. 모세 같은 일꾼이 됩시다 (신34:4-12) Let's become the worker like Moses.

> 단어 및 숙어 like (prep) ～처럼
> 성경해설 Moses(모세)의 어원: 물에서 건져냄

28. 예수만 바라봅시다 (히12:1-2) Let's fix our eyes on Jesus.

> 단어 및 숙어 fix 동사 고정시키다, 새기다, 지켜보다

29. 성령이 임하시면 선교합시다 (행13:1-3) If the Holy Spirit comes on us, let's preach the Gospel.

30. 거울을 보며 삽시다 (잠27:1-4) Let's live looking in the mirror.

> **단어 및 숙어** mirror (명사) 거울

31. 처음 사랑을 회복하자 (계2:3-4) Let's recover the first love.

> **단어 및 숙어** recover (동사) 회복하다

32. 우리를 지으신 여호와 앞에 무릎을 꿇자 (시95:1-6) Let's kneel down before God that(who) created us

> **단어 및 숙어** kneel down 무릎을 꿇다 / create (동사) 창조하다
>
> **해설** that 또는 who는 주격관계대명사로서 생략할 수 없다.

33. 제직이여 꿈을 가집시다 (창37:5-11) Church staffs, let's have a dream.

> **단어 및 숙어** staff (명사) 참모, 직원

34. 이렇게 교육하자 (신6:6-9) Let's educate like this.

35. 온전케 하시는 이인 예수를 바라보자 (히12:1-2) Let's fix our eyes on Jesus, the perfector of our faith.

> **단어 및 숙어** perfect (형용사) 완벽한, 완전한 / perfector (명사) 완벽자, 온전한 자
>
> **해설** Jesus와 the perfector of our faith는 동격이다.

4-2. 청유적 부정명령문

1. 낙심치 말자 (고후4:16-18) Let's not be disappointed. Let's not be in despair.

> **단어 및 숙어** be disappointed 낙심하다 / be in despair 절망에 빠지다

2. 세상을 사랑하지 말자 (요일2:15-17) Let's not love the world.

3. 유혹으로 들어가지 말자 (창39:7-18) Let's not be into temptation.

> **단어 및 숙어** temptation 명사 유혹, 시험

05

의문문

1. 하나님은 누구인가? (창1:1-5) Who is God?

2. 주여 누구니이까? (요13:21-30) Lord, who are you?

3. 무엇을 원하느냐? (마20:20-34) What do you want?

4. 무엇을 찬양할 것인가? (시145:1-13) What should we praise?

5. 구원이란 무엇인가? (딤후2:1-7) What is the salvation?

> **단어 및 숙어** salvation **명사** 구원

6. 성령님을 아시나요? (요14:16-20) Do you know the Holy Spirit?

7. 나의 도움이 어디서 올까? (시121:1-8) Where does my help come from?

> **해설** come from ~에서 오다, ~출신이다.
> **예문** Where are you from? (어디에서 오셨어요?) be동사를 쓰지 않을 경우,
> Where do you come from?으로 쓴다. do는 일반동사를 의문문으로 만들 경우
> 쓰이는 조동사이다.

〈북한산 인수봉〉

8. 나의 예배는 받으셨을까? (슥7:5-6) Did God accept my worship?

9. 네가 나를 사랑하느냐? (욥2:7-10)(요21:15-19) Do you love me?

〈이스라엘: 바니아스 폭포(Banias)〉

10. 아직도 갈증을 느끼십니까? (요6:35) Are you still thirsty?

> **단어 및 숙어** thirsty 〔형용사〕 목마른 / be thirsty 목마르다

11. 정말로 즐거우십니까? (시27:1-6) Are you really happy?

12. 네가 낫고자 하느냐? (요5:6) Do you want to get well?

> **단어 및 숙어** get well 좋아지다, 낫다 / want to + R ~하기를 원하다

13. 무엇을 구할 것인가? (마7:6-12) What should we ask for?

> **단어 및 숙어** ask for ~을 구하다, 요청하다

14. 왜 예수님은 나의 보배인가? (시27:1-3) Why is Jesus my treasure?

> **단어 및 숙어** treasure 〔명사〕 보배, 보물

15. 예수님은 누구신가? (요14:1-7) Who is Jesus?

16. 주여 무엇을 하리이까? (행22:2-15, 21) Lord, what should we do?

17. 어떤 메시지를 받아야하는가? (겔3;1-3) What kind of message should I receive?

> **단어 및 숙어** kind 〔명사〕 종류

18. 나는 누구인가? (벧전2:9-10) Who am I?

19. 기도를 어떻게 하고 있습니까? (살전1:1-2) How do you pray?

20. 누가 아브라함의 자손인가? (눅19:1-10) Who are Abraham's descendants?

> 단어 및 숙어 descendant 명사 자손, 후손

21. 하나님은 내가 어떻게 살기를 원하실까요? (엡4:12) How does the Lord want me to live?

22. 어찌하여 여기 있느냐? (왕상19:1-14) What are you doing here?

> 해설 여기에서 you는 엘리아(Elijah)이다.

23. 내 영혼아 네가 어찌하여 낙망하느냐? (시43:1-5) Why are you downcast, O my soul?

> 단어 및 숙어 downcast 형용사 눈을 아래로 향한, 기가 꺾인, 풀 죽은

24. 당신은 어디로 가십니까? (창16:7-8) Where are you headed for?

> 단어 및 숙어 head for ~을 향해서 가다

25. 너희는 나를 누구라 하느냐? (마16:13-20) Who do you say I am?

26. 잡은 것이 있느냐? (요21:15-18) (=너희에게 고기가 있느냐?) Haven't you any fish?

> 직역 물고기를 조금이라도 잡지 아니했느냐?

27. 영적 굶주림을 어떻게 해결하십니까? (요6:55) How do you solve your spiritual hunger?

> 단어 및 숙어 solve 동사 풀다, 해결하다 / spiritual 형용사 영적인 / hunger 명사 굶주림, 기아 / hungry 형용사 배고픈, 굶주린

28. 거듭남이란 무엇인가? (요3:1-10) What does 'born again' mean?

> **단어 및 숙어** bear **동사** 태어나다 (bear-bore-born)
>
> **해설** '거듭남'이란 '다시 태어남'을 의미한다.

29. 예수님 왜 십자가 지셔야했나? (사53:4-6) Why did Jesus have to take the cross?

30. 나는 참된 예배자입니까? (요4:23-24) Am I a truthful worshipper?

> **단어 및 숙어** truthful **형용사** 참된, 진실된 / worship **동사** 예배드리다 / worshipper **명사** 예배자

31. 주님을 따르겠습니까? (마16:24-28) Are you going to follow the Lord?

> **단어 및 숙어** be going to ~할 예정이다.
>
> **직역** 당신은 주님을 따라갈 예정입니까?

32. 예수로 인한 혁명을 경험하였는가? (행5:40-4) Have you ever experienced the revolution by Jesus?

> **단어 및 숙어** experience **동사** 경험하다 / revolution **명사** 혁명
>
> **직역** 예수로 인한 혁명을 경험한 적이 있는가?

33. 네가 믿느냐? (요11:17-27) Do you believe in me?

> **단어 및 숙어** believe in ~을 믿다

34. 참된 구제의 방법은 무엇인가? (마6:3-4) What is the real way to help the poor?

> **해설** the poor는 poor people을 의미한다.

35. 어떤 것이 가장 값진 삶일까요? (마22:35-40) Which is the most valuable life?

> **단어 및 숙어** valuable 형용사 값진, 귀중한, 가치 있는

36. 당신은 큰 부자입니까? (눅18:18-30) Are you a man of great wealth?

> **단어 및 숙어** a man of wealth=a wealthy man=부자
> a man of great wealth=a very wealthy man=큰 부자, 갑부

37. 자녀에게 무엇을 줄 것인가? (출20:6) What will we give our children? / What are we going to give our children?

38. 무엇을 찾고 있습니까? (요21:11-18) What are you looking for?

> **단어 및 숙어** look for ~을 찾다

39. 어떤 청지기입니까? (마25:14-30) What kind of foreman(=steward) is he?

> **단어 및 숙어** foreman(=steward) 명사 청지기

40. 어떻게 살았습니까? (히10:35-39) How was your life?

41. 기적의 시작은 언제부터인가? (요1:43-50) 이 문장을 "기적은 언제 시작되었는가?"로 바꾸면, When did the miracles begin?

> **단어 및 숙어** miracle 명사 기적

42. 네 믿음이 어디 있느냐? (눅8:22-25) Where is your faith?

43. 나의 하나님, 어찌하여 나를 버리셨나이까? (막15:34) My God, my God, why have you forsaken me?

단어 및 숙어 forsake 동사 저버리다, 버리다 (forsake-forsook-forsaken)

〈크로아티아: 성마르크 성당〉

44. 왜 많은 가정이 불행해지는가? (엡5:21-28) Why do many family become unhappy?

45. 신앙생활의 장애물이란? (딤전1:18-20) What is the obstacle of a religious life?

단어 및 숙어 obstacle 명사 장애물 / religious 형용사 종교적인

46. 무슨 소원이 있습니까? (빌2:12-18) What do you want?

47. 하나님의 은혜를 어떻게 보답할까? (대하32:24-31) How can I repay God's grace?

단어 및 숙어 repay 동사 되갚다, 보답하다 / grace 명사 은혜

48. 과연 나는 어떤 밭인가? (마13:3-8) What kind of a soil am I?

단어 및 숙어 kind 명사 종류 / soil 명사 흙

49. 나는 어떤 사람인가? (삼하6:1-11) What kind of a person am I?

50. 나에게 사명은 어떤 의미일까? (행20:23-24) What does mission mean for me?

51. 하나님은 어디 계십니까? (롬1:19-20) Where is the God?

52. 왜 오병이어로 쓰셨을까? (요6:5-13) Why did he use the five loaves and two fish?

〈오병이어〉

53. 성경이란 어떤 책인가? (딤후3:15-17) What kind of a book is the Bible?

54. 어찌하여 이런 고통이 다가옵니까? (약5:11) Why do I have this suffering?

단어 및 숙어 suffering 명사 고통, 고난, 어려움
직역 왜 내가 이런 고통을 가집니까?

55. 예수 믿으면 어떻게 됩니까 (벧전2:9-10) How can I be changed if I believe in Jesus?

> **단어 및 숙어** believe in ～의 존재를 믿다
>
> **직역** 내가 어떻게 변해질 수 있을까 만약 내가 예수를 믿는다면?

56. 기도란 무엇인가? (마6:5-15) What is prayer?

57. 영생에 대한 관심이 있습니까? (요5:39-40) Are you interested in eternal life?

> **단어 및 숙어** be interested in ～에 관심이 있다. / eternal **형용사** 영원한

58. 바나바는 누구인가? (행11:19-25) Who is Barnaba?

> **해설** Barnaba의 어원은 위로의 아들, 격려의 아들이다.

59. 당신에게는 영원한 생명이 있습니까? (요6:38-40) Do you have an eternal life?

> **단어 및 숙어** eternal **형용사** 영원한

60. 나는 왜 감사해야하는가? (시50:22-23) Why should I give thanks?

61. 나는 어떤 자판기인가? (마15:16-20) What kind of vending machine am I?

> **단어 및 숙어** vending machine 자판기

62. 당신은 진리를 아십니까? (요14:6) Do you know the truth?

63. 당신은 영원한 생명을 얻으셨습니까? (요14:6) Did you get the eternal life?

> 단어 및 숙어 eternal 형용사 영원한

64. 그 아홉은 어디 있느냐? (눅17:11-19) Where are the other nine?

65. 나는 누구의 자녀입니까? (요8:44) Whose child am I?

66. 왜 예수를 믿어야되는가? (롬3:23) Why should we believe in Jesus?

67. 내가 능히 이 일 할 줄을 네가 믿느냐? (마9:27-31) Do you believe that I am able to do this?

> 단어 및 숙어 be able to=can=~할 수 있다.
> 해설 that은 종속접속사로서 생략할 수 있다.

68. 너희가 믿을 때에 성령을 받았느냐? (행19:1-17) Did you receive the Holy Spirit when you believed?

69. 어찌하여 산 자를 죽은 자 가운데서 찾느냐? (눅24:1-12)

1) Why do you look for the living among the dead? (NIV)

2) Why are you looking among the dead for someone who is alive? (NLT)

> 단어 및 숙어 the dead=dead people=죽은 자들 / look for ~을 찾다 / alive 형용사 살아 있는

70. 예수는 나에게 누구인가? (사53:5) Who is Jesus to me?

조건문과 감탄문

6-1. 조건문

1. 부활하신 예수님을 만나다면 (눅24:28-35) If you meet Jesus rising from the dead,

> **단어 및 숙어** the + 형용사=복수보통명사, the dead=dead people
>
> **해설** rising은 현재분사의 제한적 용법으로서 rising from the dead는 뒤에서 Jesus 라는 명사를 꾸민다.
>
> **직역** 만약 네가 죽은 자들로부터 부활하신 예수님을 만난다면,

2. 죽어야 산다 (요12:24-26) If it dies, it produces many seeds.

> **단어 및 숙어** die 동사 죽다 / produce 동사 생산하다 / seed 명사 씨앗
>
> **직역** 만약 그것이 죽는다면, 그것은 많은 씨앗을 생산한다.
>
> **의역** 죽으면 많은 열매를 맺느니라
>
> **해설** 너의 죽음이 Your death 만든다 makes 너를 you 살도록 live.
> 여기에서 '너'란 '한 알의 밀알'이므로 it으로 바꾼다.

3. 귀신을 쫓아내야 축복 받는다 (행16:16-18) If the evil spirit is drawn out of you, you can be blessed.

> **단어 및 숙어** evil [명사] 악마, 악 / evil spirit [명사] 악령 / bless [동사] 축복하다 /
> be blessed 축복을 받다 / out of=from=~로부터
>
> **직역** 만약 악령이 너로부터 이끌려나온다면, 너는 축복을 받을 수 있다.
>
> **해설** 만약 악령이 쫓겨난다면 If the evil spirit is drawn 너로부터 out of you, 너는
> 축복받을 수 있다. you can be blessed.

4. 주께서 쓰신다면 (눅9:12-17) If the Lord uses,

> **직역** 만약 주님이 사용하신다면,

5. 하나를 잃으면 (눅15:1-7) If you lose one of them,

> **단어 및 숙어** one of+ 복수명사: ~중의 하나
>
> **직역** 만약 네가 그들 중 하나를 잃는다면

6. 하나님께서 함께 하시면 (창28:10-22) If God be with us,

> **직역** 만약 하나님이 우리들과 함께 계신다면

7. 성령이 임하시면 (행1:8) If the Holy Spirit comes on you,

> **직역** 만약 성령이 너에게 온다면,

6-2. 감탄문

> ■ 감탄문의 어순
>
> 먼저 평서문을 살펴보자. "저 사람은 참으로 친절하다" 이 평서문을 감탄문으로 바꿔
> 보자. "저 사람은 참 친절해!" 이 문장을 감탄문의 어순으로 2가지 형식으로 쓸 수
> 있다. ① How+ 형용사(부사)+S+V ! ② What a(an) +형용사(부사)+명사+S+V !

① The person is very kind.

② How kind the person is !

③ What a kind person he is !

예문 ① How beautiful this rose is ! (이 장미는 참 아름답구나!) ② What a beautiful rose this is !

1. 꼴찌만세 (요5:1-9) Hurrah! the tail ! (the bottom)(the last)

단어 및 숙어 hurrah (int) 만세 / tail 명사 꼬리, 끄트머리, 말미, 후부

해설 ① 감탄문의 어순으로 쓰지 않고 Hurrah와 같은 감탄사를 직접 써도 된다. ② '꼴찌'는 the tail 대신에 the bottom 또는 the last를 써도 된다.(『Upgrade 영문법: 토익에서 토플까지』. 김복희 지음. 서울: 한국문화사, 2004. pp. 13-14 참고)

2. 주의 이름이 온 땅에 어찌 그리 아름다운지요 (시8) How majestic Your name in all the earth is !

단어 및 숙어 majestic 형용사 장엄한, 위엄 있는, 당당한

해설 이 문장을 평서문으로 바꾸면, Your name in all the earth is very majestic.이 된다.

07

to + N (~을 위하여)

■ 전치사 to의 용법: ~을 위하여

예1 당신의 건강을 위하여 축배를! To your health!

예2 우리의 우정을 위하여 축배를! To our friendship!

예3 한영신학대학교를 위하여 축배를! To Hanyoung Theological University!

예4 선교영어학과를 위하여 축배를! To the department of Mission English!

예5 우리의 미래를 위하여 축배를! To our future!

1. 행복을 위하여 (신10:12-13)(시1:1-3) **1)** for your own good

   2) To happiness !

2. 그리스도를 위하여 (빌1:27-30) **1)** on behalf of Christ **2)** to Christ !

단어 및 숙어 on behalf of ~을 위하여

3. 네 행복을 위하여 (신10:12-22) To your happiness !

4. 나의 마지막 모습을 위하여 (딤후4:9-11) To my last moment !

5. 주를 위하여 (롬14:8) to the Lord !

6. 하나님의 영광을 위하여 (롬1:18-32) To the glory of God !

7. 부름의 상을 위하여 (빌3:12-16) To win the prize for which God has called me heavenward in Christ Jesus !

> **직역** 그리스도 예수 안에서 하나님이 나를 천국으로 부르셨던 상을 얻기 위하여

08

from A to B (A부터 B까지)

1. 고통에서 축복으로 (출3:7-10) from suffer to blessing

2. 죽음의 위기에서 생명으로 (욘1:1-2:10) from the crisis of death to life

> 단어 및 숙어 crisis 명사 위기

3. 긴장에서 평화로 (롬12:14-21) from tension to peace

> 단어 및 숙어 tension 명사 긴장

4. 쓴물이 단물로 (출15:25-26) 1) from marah to sweet water 2) from bitter water to sweet water 3) from bitter water to sweet one

> 성경해설 marah: 히브리어로서 '쓴물'이라는 뜻

5. 현실에서 내일의 축복으로 (창45:7-8) from reality to the blessing of tomorrow

6. 사망에서 생명으로 (요5:24) from death to life

7. 야곱이 이스라엘로 (창32:27-28) from Jacob to Israel

> **성경해설** Jacob의 어원: 남의 발꿈치를 잡는 자

8. 최악의 위기를 최선의 기회로 (렘33:1-11) from the worst crisis to the best opportunity

> **단어 및 숙어** opportunity **명사** 기회 / bad-worse-the worst(최악의)

9. 고통에서 자유로 (시124:6-7) from troubles to freedom

10. 시험에서 축복으로 (마6:9-13) from temptations to blessings

> **단어 및 숙어** temptation **명사** 시험, 유혹

11. 어둠에서 빛의 삶으로 (요9:1-7) from darkness to the life of light

12. 죄인에서 의인으로 (눅5:31-32) from a sinner to a righteous man

> **단어 및 숙어** righteous **형용사** 정의로운

13. 재앙에서 축복으로 (창3:15-19) from disaster to blessing

> **단어 및 숙어** disaster **명사** 재난, 재앙

14. 절망에서 소망으로 (창28:10-22) from despair to hope

> **단어 및 숙어** despair **명사** 절망

15. 첫 기적: 물로 포도주를 (출33:17-23)(롬12:9-15)(요2:1-11) the first miracle: from water to wine

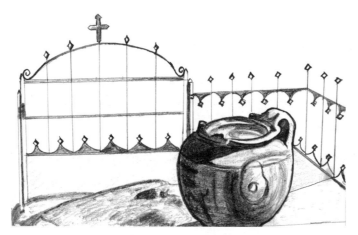

〈가나의 혼인잔치: 돌항아리〉

09

사역동사(Let, Make, Have) + O + R

■ 사역동사(let, make, have) 다음에는 목적어(O)가 오고 그 뒤에는 동사원형(R)이
와야 한다.

예문1 Let me know your phone number. (내게 너의 전화번호를 알게 해다오)

예문2 Please make my hair cut. (제발 저의 머리카락을 잘라주세요)

1. 나를 변화시키소서 (롬12:1-2) Let me be changed.

2. 눈을 열어 보게 하옵소서 (왕하6:15-18) Open his eyes so he may see.

직역 그가 볼 수 있도록 그의 눈을 열어주시오

해설 so 다음에는 that이 생략돼 있고 so that +S+may+R 은 '~하기 위하여'의 뜻
이다.

3. 주의 손으로 나를 도우사 (대상4:9-10) Let your hand be with me.

직역 당신의 손이 나와 함께 있게 해주시오

4. 추수하는 일꾼되게 하소서 (눅10:1-6) Let me be a reaper.

단어 및 숙어 reap 동사 거두다, 수확하다 / reaper 명사 추수자, 추수하는 사람 / harvest 명사 수확, 추수

5. 우리의 날을 가르쳐주소서 (시90:12-17) Let us know our day.

6. 나의 슬픔이 기쁨되소서 (시30:1-12) Let my sorrow be joy.

7. 지혜로운 청지기 되게 하소서 (마25:26-30) Let me be a wise foreman.

단어 및 숙어 foreman 명사 청지기

8. 하나님의 나라가 임하게 하옵소서 (미4:1-4) Let your kingdom come.

9. 감당케 하시는 하나님 (출13:17-22) God who lets us tolerate

단어 및 숙어 tolerate 동사 견뎌내다, 참다, 인내하다(=put up with)(=bear)(=stand)

직역 우리로 하여금 견뎌내게 하시는 하나님

10. 자녀에게 꿈을 꾸게 하라 Let your children dream a dream.

해설 앞의 dream은 동사, 뒤의 dream은 명사이다.

11. 하나님을 더욱 창대하게 하라 (시71:1-5) Let your God be more prosperous.

단어 및 숙어 prosperous 형용사 번창하는

12. 강건하게 하소서 (엡3:14-19) Let me be strong.

단어 및 숙어 strengthen 동사 강건하게 하다

직역 그는 나를 능력으로 강건하게 할 것이다. He may strengthen me with power) (엡3:16)

13. 생수의 강이 흐르게 하라 (요7:37-38) Let the streams of living water flow.

단어 및 숙어 flow 〔동사〕 흐르다

〈세계에서 가장 작은 교회 living water church〉

14. 하나님의 시간표를 나의 시간표로 하라 (행2:1-4) Let the schedule of God be my schedule.

10

those + who + V (~하는 사람들)

> ■ those 다음에는 people이 생략돼 있다.

1. 눈물을 흘리며 씨를 뿌리는 자 (시126:1-6) **Those who sow in tears**

> 단어 및 숙어 sow[ou] 동사 씨를 뿌리다
>
> 해설 눈물을 흘리며 씨를 뿌리는 자는 기쁨으로 거두리로다
> Those who sow in tears will reap with songs of joy.(시126:5)

2. 하나님과 함께 일하는 사람 (고후6:1-2) **those who work with God**

3. 여호와를 의지하는 자 (시125:1-5) **those who trust in the Lord**

> 단어 및 숙어 trust 동사 신뢰하다, 의지하다

4. 선택받은 자 (대상28:1-10) **those who are chosen**

> 단어 및 숙어 choose 동사 선택하다 (choose-chose-chosen) / be chosen 선택되다

5. 주님께 사로잡힌 사람들 (렘1:4-8)(빌3:7-11)(마25:14-30) those who are sticked to the Lord

> **단어 및 숙어** be sticked 사로잡히다

6. 말씀을 의지하고 그물을 내린 사람들 (눅5:1-7) those who obey the Word and let down the nets for a catch

> **단어 및 숙어** obey 동사 복종(순종하다) / let down 내리다 / net 명사 그물 / catch 명사 사로잡음

7. 손바닥에 새겨진 사람들 (사49:14-21) those who are engraved on the palms

> **단어 및 숙어** engrave 동사 새기다 / be engraved 새겨지다 / palm 명사 손바닥

8. 살아있는 소망을 가진 자 (벧전1:1-9) those who have living hope

> **해설** living은 hope을 꾸며주는 현재분사의 제한적 용법이다.

9. 십자가를 끌어내린 사람들 (갈3;1) those who brought down the cross

> **단어 및 숙어** bring 동사 가져오다 (bring-brought-brought)

10. 고난을 은혜로 바꾼 사람들 (고후12:7-10) those who change sufferings into blessings

11. 하나님의 뜻을 아는 자 (출25:10-22)(살전5:16-18) those who know the will of God

> **단어 및 숙어** will 명사 의지, 뜻

12. 예수 그리스도를 공경하는 자들 (요5:22-23) those who respect Jesus Christ

13. 여호와를 앙망하는 사람 (사40:31) those who hope in the Lord

> **직역** 주님 안에 희망을 지닌 사람들

14. 예수님을 감동시킨 사람들 (마8:5-13) those who moved Jesus

> **단어 및 숙어** move **동사** 감동시키다
>
> **해설** moved 대신에 touched를 쓸 수 있다.

15. 그리스도와 사귐을 갖는 자 (요일1:1-3) those who make friends with Christ

> **단어 및 숙어** make friends with 사귀다

16. 절제하는 자 (고전9:24-25) those who go into strict training

> **단어 및 숙어** strict **형용사** 엄격한, 엄한 / training **명사** 훈련

17. 좋은 소식을 전하는 사람들 (롬10:13-15) those who preach good news

> **단어 및 숙어** preach **동사** 가르치다, 설교하다

18. 예수를 따라나선 사람들 (막11:1-10) those who follow Jesus

19. 하나님이 찾으시는 사람 (요4:21-24) those God looks for

> **단어 및 숙어** look for ~을 찾다

20. 그들의 십자가를 지고 주님을 따르는 자들 (마16:21-24) those who take up their crosses and follow Jesus

21. 주의 집을 사랑하는 자 (시122:1-9) those who love the house of the Lord

22. 평화를 사랑하는 사람 (마5:9) those who love peace

23. 자비를 베푼 자 (눅10;36-37) those who had mercy on us

24. 더 창성한 사람들 (창48:17-20) those who will become greater

25. 먼저 기업을 얻을 자 (신33:20-21) those who get the inheritance in advance

> **단어 및 숙어** in advance 미리 / inheritance **명사** 유산, 기업

26. 예수님 곁에 머무른 사람들 (요6:67-71) those who stay with Jesus

27. 그리스도 예수 안에 있는 자들 (고전1:1-4)
　　1) those who are in Christ Jesus
　　2) those in Christ Jesus

> **해설** who는 주격이고 바로 뒤에 오는 be동사는 who와 함께 생략할 수 있다.

28. 구원 얻을 사람들 (마24:3-14) those who will be saved

> **단어 및 숙어** save **동사** 구원하다 / be saved 구원받다 / will be saved 구원받을 것이다.

29. 나라를 사랑하는 사람들 (엡4:11-7) those who love their country

> **해설** ① 관계대명사 who는 주격이다. ② 현재분사를 사용할 수도 있다. Those people loving their country (loving their country는 people을 꾸며준다.)

30. 선한 일을 사모하는 자들 (딤전3:1-13)

   1) those who desire noble tasks

   2) those who crave the good things

> **단어 및 숙어** crave 〔동사〕 갈망하다, 사모하다 / noble 〔형용사〕 고귀한, 선한

31. 신의 성품에 참예하는 자 (벧후1:1-4)

   1) those who participate in the divine nature

   2) those attending the divine nature

   3) those taking part in the divine nature

> **단어 및 숙어** divine 〔형용사〕 신성한 / nature 〔명사〕 성품 / participate in ～에 참여하
> 다, 참석하다=take part in=attend

32. 쳐다보는 자는 살더라 (민21:4-9) those who looked at the bronze snake were alive.

> **단어 및 숙어** look at ～을 쳐다보다 / bronze 〔명사〕 청동, 구리빛 / snake 〔명사〕 뱀
> / alive 〔형용사〕 살아 있는
>
> **직역** 구릿빛 뱀을 본 자들은 살았다.

33. 감사하는 자들 (시50:23) those who give thanks

34. 복 받기를 원하는 사람들 (시34:12-15) those who want to have blessings

35. 하나님께서 함께 하는 사람들 (삿7:15-18) those who are with God

36. 의에 주리고 목마른 자 (마5:6) those who hunger and thirst for righteousness

> **단어 및 숙어** hunger 〔동사〕 굶주리다 / thirst 〔동사〕 목마르다 / righteousness

37. 하나님을 사랑하는 자 (롬8:28) those who love the God

38. 운명을 바꾼 사람들 (수2:8-14) those who changed their fate

단어 및 숙어 fate 명사 운명

39. 성탄을 기다리는 사람들 (눅2:25-33)

1) those who wait for Christmas

2) those waiting for Christmas

단어 및 숙어 wait for ~을 기다리다

40. 꿈꾸는 사람이 성공합니다 (창15:1-7) Those who have a vision will succeed.

11

현재분사(~ing)의 제한적 용법

■ 동사의 원형(R)에 ...ing를 덧붙인 것을 현재분사라고 한다.

1) 제한적 용법(또는 한정적)의 현재분사: 현재분사(...ing)는 명사의 앞뒤에 와서 그 명사를 꾸며주는 역할을 한다.

예1 a sleeping baby (잠자는 아기) (sleeping은 baby라는 명사를 꾸민다.)

예2 a running boy (달리는 소년) (running은 boy라는 명사를 꾸민다.)

예문 He pointed the beautiful flowers growing nearby.
(그는 근처에서 자라고 있는 아름다운 꽃들을 가리켰다.)
(growing은 flowers를 꾸민다.)

2) 서술적 용법의 현재분사: 현재분사 ...ing는 주어나 목적어를 설명해주는 역할을 한다.

예문1 The movie looks exciting. (그 영화는 흥미롭게 보인다)
(the movie가 exciting한다. exciting은 주격보어로서 주어 the movie를 설명 해준다.)

예문2 I saw my dad cooking in the kitchen.
(나는 아빠가 부엌에서 요리하는 것을 보았다.)
(dad가 cooking을 한다. cooking은 목적보어로서 목적어 dad를 설명해준다.)

예문3 I saw God breaking down cultural barriers.

(나는 하나님께서 문화적 장벽을 무너뜨리는 것을 보았다.)

(God이 breaking down한다. breaking은 목적보어로서 목적어 God을 설명해준다.)

예문4 He saw her <u>playing</u> the piano.

(그는 그녀가 피아노 치는 것을 보았다.)

(her가 playing한다. playing은 목적보어로서 her를 설명해준다.)

1. 빛으로 오신 예수 (요3:16-21) Jesus coming as Light

해설 coming이하는 Jesus를 꾸며준다.

2. 탕자를 기다리시는 아버지 (눅15:11-20) father waiting for his lost son

단어 및 숙어 lose 동사 잃어버리다 (lose-lost-lost) / lost 형용사 잃어버린

해설 waiting 이하는 father를 꾸며준다.

3. 하나님이 기뻐하시는 믿음 (히11:9)

1) faith that pleases God

2) faith pleasing God

직역 하나님을 기쁘게 하는 믿음

해설 pleasing 이하는 faith를 꾸며준다.

4. 과부의 독자를 살리신 예수님 (눅7:11-17)

1) Jesus that(who)raises a widow's son

2) Jesus raising a widow's son

단어 및 숙어 raise 동사 부활시키다, 살리다 / widow 명사 과부, 미망인

해설 raising이하는 Jesus를 꾸며준다.

5. 새벽을 알리는 닭 (마26:34)

　　1) the rooster that opens the dawn

　　2) the rooster opening the dawn

> **단어 및 숙어** rooster 명사 수탉 / dawn 명사 새벽
>
> **해설** opening이하는 rooster를 꾸며준다.

6. 빛의 열매를 맺는 삶 (엡5:8-11) the life bearing the fruit of light

> **단어 및 숙어** bear 동사 열매를 맺다
>
> **해설** bearing이하는 life를 꾸며준다.

7. 문제를 해결하시는 예수님 (눅8:40-48) Jesus solving the problem

> **단어 및 숙어** solve 동사 해결하다
>
> **해설** solving이하는 Jesus를 꾸며준다.

8. 목자로 오신 예수님 (마5:2-9)? (미?5:2-9) Jesus coming as a shepherd

> **단어 및 숙어** shepherd 명사 양떼
>
> **해설** coming이하는 Jesus를 꾸며준다.

9. 생명으로 인도하는 문 (요10:7-9) the gate leading to life

> **단어 및 숙어** lead to ～로 인도하다
>
> **해설** leading이하는 gate를 꾸며준다.

10. 생수(生水) (요4:7-14) living water

> **해설** living은 water를 꾸며준다.

11. 구원을 비는 기도 (사33:1-6) the prayer begging salvation

> **단어 및 숙어** beg **동사** 간청하다, 구걸하다 / salvation **명사** 구원
>
> **해설** begging이하는 prayer를 꾸며준다.

12. 스트레스를 이기는 행복한 삶 (왕상19:8) a happy life overcoming stress

> **단어 및 숙어** overcome **동사** 극복하다
>
> **해설** overcoming이하는 life를 꾸며준다.

13. 새벽에 기적을 베푸시는 하나님 (시46:5) God doing a miracle at dawn

> **단어 및 숙어** miracle **명사** 기적 / at break of day 새벽에 / at dawn 새벽에
>
> **해설** doing이하는 God을 꾸며준다.

14. 그리스도를 닮아가는 삶 (롬8:29-30) life resembling Christ

> **단어 및 숙어** resemble **동사** 닮다
>
> **해설** resembling Christ는 life를 꾸며준다.

15. 우리에게 가장 복된 사건 (사9:6-7)(롬8:1-4) the most blessing event to us

> **해설** blessing은 event를 꾸며준다.

16. 옥합을 깨뜨리는 신앙 (막14:3-9) faith breaking an alabaster jar of very experienced perfume, made of pure nard

> **해설** breaking이하는 faith를 꾸며준다.

17. 나를 찾아오신 예수님 (요1:12) Jesus visiting me

18. 마음이 청결한 자 (시24:1-10) the person having a pure heart

단어 및 숙어 pure 형용사 순수한, 순결한

해설 having이하는 person을 꾸며준다.

19. 비전을 이루는 영적원리 (수1:16-18) a spiritual principle accomplishing vision

단어 및 숙어 spiritual 형용사 영적인 / principle 명사 원리, 원칙 / accomplish 동사 성취하다

해설 accomplishing이하는 principle을 꾸며준다.

20. 세상에 오시는 하나님의 아들 (요11:17-27) the Son of God coming into the world

해설 coming이하는 the Son of God을 꾸며준다.

21. 영적 위기를 만난 다윗 (삼상27:1-12) David meeting spiritual crisis

해설 meeting이하는 David을 꾸며준다.

22. 새해를 주신 하나님 (대상29:12-13) God giving us New Year

해설 allow + O + to R

23. 자녀들을 축복하신 예수님 (막10:13-16) Jesus blessing children

24. 우리를 고치시는 예수님 (마8:14-17) Jesus healing us

해설 healing이하는 Jesus를 꾸며준다.

25. 우리 안에 사시는 그리스도 (갈2:20-21) Christ living in us

> 해설 living이하는 Christ를 꾸며준다.

26. 고통을 이기는 위로 (막14:32-38) the consolation overcoming sufferings

> 단어 및 숙어 consolation 명사 위로 / overcome 동사 극복하다, 이기다
> 해설 overcoming이하는 consolation을 꾸며준다.

27. 나의 오른손을 잡으신 하나님 (사45:1-3) God taking hold of my right hand

> 해설 taking이하는 God을 꾸며준다.

28. 꿈과 희망을 주시는 하나님 (창37:5-11) God giving us vision and hope

> 해설 giving이하는 God을 꾸며준다.

29. 아버지의 이름으로 오신 성령 (요14:23-28) the Holy Spirit coming in the name of Father

> 해설 coming이하는 the Holy Spirit을 꾸며준다.

30. 감사의 진리를 깨달은 신앙 (살전5:18) the faith realizing the truth of thankfulness.

> 단어 및 숙어 realize 동사 깨닫다 / thankfulness 명사 감사
> 해설 realizing이하는 faith를 꾸며준다.

12

과거분사(pp.)의 제한적 용법

> ■ 과거분사의 제한적용법에서는 과거분사가 명사의 앞뒤에서 그 명사를 꾸며준다.
>
> 예1 <u>fallen</u> leaves: 떨어진 나뭇잎(낙엽) <fallen은 leaves를 꾸며준다.>
>
> 예2 <u>broken</u> window: 깨진 창문 <broken은 window를 꾸며준다.>
>
> 예3 Take 1/4 to 1/2 tea spoonful daily. Do not exceed <u>stated</u> dose. 정해진 복용량
> <stated는 dose를 꾸며준다.>
>
> ◆ 주격관계대명사+be동사가 생략된 채 과거분사만 남아있는 문장: 이때 과거분사
> 이하는 선행사인 명사를 뒤에서 꾸며준다.
>
> 예문1 They have a pretty daughter (who is) <u>called Selyn.</u>
> (그들에게는 세린이라고 불리는 예쁜 딸이 있다.)
> (주격관계대명사 who와 is가 생략되어 과거분사 called만 남았다. 이때 called
> 이하는 뒤에서 daughter를 꾸며준다.)
>
> 예문2 She is a painter (who is) <u>returned from Paris.</u>
> (그녀는 파리에서 돌아온 화가이다.)

1. 아브라함 때문에 구원받은 롯 (창19:24-38) Lot (that was) saved because of Abraham

단어 및 숙어 because of ～때문에 / save **동사** 구하다 / be saved 구원받다

해설 saved이하는 뒤에서 Lot을 꾸며준다.

2. 하나님의 형상을 닮은 인간 (창1:26-28) man (that is) made in God's image

해설 made이하는 뒤에서 man을 꾸며준다.

3. 네 가지 땅에 떨어진 씨 (눅8:5-11) the seeds (that were) fallen on the four kinds of ground

단어 및 숙어 kind **명사** 종류 / fall **동사** 떨어지다 (fall-fell-fallen) / seed **명사** 씨앗

해설 fallen이하는 뒤에서 seeds를 꾸며준다.

4. 빌립에게 나타난 복음의 능력 (행8:4-8) the power of the Gospel (that is) shown in Phillip

단어 및 숙어 show **동사** 보여주다 (show-showed-shown)

해설 shown이하는 뒤에서 Gospel을 꾸며준다.

5. 칭찬받는 신앙 (눅7:2-10) the faith (that is) acclaimed

단어 및 숙어 acclaim **동사** 칭찬하다

해설 acclaimed는 뒤에서 faith를 꾸며준다.

6. 구덩이에 던져진 요셉 (창37:18-24) Joseph (that was) thrown into a cistern

단어 및 숙어 cistern **명사** 구덩이 / throw **동사** 던지다 (throw-threw-thrown)

해설 thrown이하는 뒤에서 Joseph을 꾸며준다.

7. 하나님의 사랑으로 창조된 사람 (엡1:3-6) the person (that was) created by God's love

해설 created이하는 뒤에서 person을 꾸며준다.

13

how to + R (~하는 법)

> ■ how 다음에 to+R가 오면 '~하는 법'으로 해석한다.
>
> 예1 how to play the piano 피아노 치는 법 / how to swim 수영하는 법 / how to say 말하는 법 / how to ski 스키 타는 법 / how to skate 스케이트 타는 법 / how to play pingpong 탁구 치는 법

1. 허무를 벗어나는 방법 (전12:1-8) how to escape nothingness (nihilism)

> 단어 및 숙어 escape 동사 도피하다, 벗어나다 / nothingness 명사 무(無) / nihilism 명사 허무주의

2. 두려움을 이기는 길 (요일4:18-19) / 두려움을 극복하는 법 (사41:10-14) how to overcome fear

> 단어 및 숙어 overcome 동사 극복하다, 이겨내다

3. 고장 난 인생을 고치는 법 (롬8:28) how to repair the disordered life

> 단어 및 숙어 disorder 동사 고장나다 / disordered 형용사 고장난 / repair 동사 고치다, 수리하다

4. 어떻게 스토리를 만들 것인가 (창37:5-9) (=스토리를 만드는 방법)
how to make a story

5. 병든 세상 치료하는 길 (대하7:11-14) how to heal the diseased world

> **단어 및 숙어** heal 동사 치료하다, 고치다 / disease 명사 질병 / diseased 형용사 질병이 든, 병든

6. 유라굴로를 이기려면 (행27:14-26) how to survive a wind of hurricane called the 'northeaster'

> **단어 및 숙어** survive 동사 살아남다, 생존하다 / hurricane 명사 허리케인, 폭풍우

7. 선한 목자이신 예수님을 따르는 길 (요10:7-15) how to follow Jesus, the good shepherd

> **단어 및 숙어** shepherd 명사 목자

14

to + R

1. 기도해야 하는 때 (약5:13-18) the time to pray

> **해설** to pray는 '기도하는' '기도하기 위한'의 뜻으로 the time을 꾸며주는 부정사
> 의 형용사적 용법이다.

2. 비전을 성취하려면 (느1:1-5) to achieve a vision

> **해설** to achieve는 '성취하기 위해서' '성취하려면'의 뜻으로 부정사의 부사적 용법
> 의 '목적'을 나타낸다.

3. 광야의 여정에서 승리하는 비결 (출14:13-25) the victorious secret to win
in the desert

> **해설** to win은 '승리하기 위한'의 뜻으로서 명사 secret을 꾸며주는 부정사의 형용
> 사적 용법이다. / in the desert는 '사막에서'라는 뜻으로 부사구이다. /
> victorious는 형용사로서 secret를 꾸며준다.

4. 마귀를 이기는 길 (계12:9-12) the way to overcome (or defeat) the Devil

> **해설** to overcome은 '이기는' '이기기 위한'의 뜻으로서 명사 the way를 꾸며주는

부정사의 형용사적 용법이다.

5. 어려움을 이기는 비결 (출17:1-16) **1) Secrets to get over hardship 2) tips to overcome adversity**

해설 to get과 to overcome은 '이기는'의 뜻으로서 명사 secrets와 tips를 꾸며주는 부정사의 형용사적 용법이다.

6. 기적을 얻기 위해 준비해야 될 것 (막5:25-34) **things to be prepared for getting miracles**

해설 to be는 '~되는'의 뜻으로서 명사 things를 꾸며주는 부정사의 형용사적 용법이다.

7. 잊어버릴 것과 달려갈 길 (빌3:13-14) **things to forget what is behind and to strain toward what is ahead**

해설 to forget과 to strain은 '잊어버릴'과 '달려갈'의 뜻으로서 명사 things를 꾸며주는 부정사의 형용사적 용법이다. / what은 관계대명사로서 the thing which와 같다.

8. 시험을 이기려면 (삿16:20) **(In order) to overcome the temptation**

해설 to overcome은 '이기기 위하여' '이기려면'의 뜻으로서 부정사의 부사적 용법의 '목적'을 나타낸다 / in order를 생략할 수 있다.

9. 위기를 극복하려면 (왕하17:12-16) **(In order) to overcome the crisis**

해설 to overcome은 '극복하기 위하여' '극복하려면'의 뜻으로서 부정사의 부사적 용법의 '목적'을 나타낸다 / in order를 생략할 수 있다.

10. 기도 응답을 위해서 알아야 할 것 (눅18:1-8) **things to know in order**

to answer our prayers

해설 이것을 2개로 나눌 수 있다. ① 알아야 할 것 things to know ② 우리의 기도를 응답받기 위해서 in order to answer our prayers / to know는 명사 things를 꾸며 주는 부정사의 형용사적 용법이다. / to answer는 '응답받기 위하여'의 뜻으로서 부정사의 부사적 용법의 '목적'을 나타낸다. in order를 생략할 수 있다.

부사절 When + S + V (~할 때)
If + S + V (~한다면)
Though + S + V (비록~할지라도)

15

1. 아브라함이 99세 때 (창17:1-8) When Abraham was 99 years old,

2. 하늘 문이 열릴 때 (마3:16-17) 1) When heaven was opened, 2) At that moment heaven was opened,

3. 길이 막힐 때 (롬15:22-29) 1) When you have a traffic jam, 2) When I am hindered from coming to you

> **단어 및 숙어** traffic jam 교통마비, 교통체증 / hinder **동사** 방해하다, 막히다

4. 성령이 너희에게 임하시면 (행1:8) When the Holy Spirit comes on you

> **단어 및 숙어** come on ~에게 임하다

5. 마음이 낙심될 때 (왕상19:1-8) When you are in despair,

> **단어 및 숙어** be in despair 낙심하다, 절망에 빠지다

6. 원치 않는 일을 경험할 때 (빌3:1-3) When you experience what you don't want to

> 단어 및 숙어 experience 동사 경험하다
>
> 해설 to 다음에는 experience가 생략되었다. / what은 관계대명사로서 the thing which로 바꿀 수 있다.

7. 저희의 믿음을 보시고 (막2:5) 1) When Jesus saw their faith,
2) Seeing their faith,

> 해설 When Jesus saw their faith,라는 부사절을 분사구문으로 바꾸면, ① 먼저 접속사 When을 삭제한다. ② 주어 Jesus를 주절로 보내고 he를 삭제한다. ③ saw의 원형 see에 ing를 붙인다. ④ Seeing their faith, ...

8. 최악의 위기일 때 (렘33:1-11) When we meet the worst of crisis,

> 단어 및 숙어 bad~worse~the worst / crisis 명사 위기

9. 내가 억울하고 잘못된 대우를 받았을 때 (창39:10-20) When I was falsely charged,

> 단어 및 숙어 falsely 그릇되게, 부당하게, 거짓으로 / be charged 비난받다

10. 뱀을 집으며 (막16:18) When they will pick up snakes with their hands,

> 단어 및 숙어 pick up ~을 집다

11. 낫고자 한다면 (요5:1-9) If you want to get well,

> 단어 및 숙어 get well 낫다, 좋아지다

12. 예수의 제자가 되려면 (눅9:57-62) If you want to be a disciple of Jesus,

| 단어 및 숙어 | disciple | 명사 | 제자 |

13. 소금이 만일 짠맛을 잃으면 무엇으로 짜게 하리요 (마5:13-16) If the salt loses its saltiness, how can it be made salty again?

| 단어 및 숙어 | saltiness | 명사 | 짠맛 / salty | 형용사 | 짠맛이 나는 |

〈팔복교회〉

14. 주님의 참된 제자라면 (요13:36-38) If you are the true disciple of the Lord,

15. 기도의 응답을 원한다면 (삼상1:1-20) If you want the answers of your prayers,

16. 내 말에 거하면 (요8:28-32) If you hold to my teaching,

| 단어 및 숙어 | hold to ~을 붙들고 있다, 매달리다 / teaching 예수님의 가르침, 말 |

17. 부족한 것이 있거든 (약1:5) If you lacks anything,

18. 삶의 전쟁터에서 승리하려면 (삼상17:28-54) If you succeed in the battle of life,

> **단어 및 숙어** succeed in + R...ing (또는 N) ~에 성공하다 / battle [명사] 전투, 전쟁

19. 겨자씨만한 믿음이라도 있다면 (마13:31-32) If you had only a small faith like a mustard seed,

> **단어 및 숙어** mustard [명사] 겨자 / seed [명사] 씨앗 / like (prep) ~와 같은

20. 더위가 올찌라도 (렘17:5-8) 1) Though the heat comes, 2) In spite of the heat,

> **단어 및 숙어** heat [명사] 더위 / in spite of ~에도 불구하고

16

형용사구와 부사구의 형태

■ 구(句)(phrase)란 무엇인가? 단어가 2개 이상 모여서 하나의 뜻을 이루는 것을 의미한다. 예를 들면, in front of는 '～의 앞에'라는 뜻을 지닌 구이다. according to는 '～에 따라서, ～에 의하면'의 뜻을 지닌 구이다.
그런데 그러한 구가 명사를 꾸며주면 형용사구이고 동사, 형용사, 다른 부사를 꾸며주면 부사구이다.

1. 주님 안에 있는 평안 (요15:15-16) **the peace in the Lord**

> **해설** (거꾸로순서: 평안+주님 안에) (the peace <u>in the Lord</u>) 밑줄 친 부분이 명사 peace를 꾸며주는 형용사구이다.

2. 질그릇에 담긴 보배 (고후4:7-11) **the treasure in a jar of clay**

> **단어 및 숙어** 질그릇: jar of clay (진흙으로 만든 단지) 이때 of는 재료를 뜻한다.
>
> **거꾸로 순서** 보배+질그릇에 담긴: the treasure <u>in a jar of clay</u> 밑줄 친 부분이 명사 treasure를 꾸며주는 형용사구이다.

3. 그리스도 안에 있는 평강 (빌4:4-7) **the peace in Christ**

거꾸로 순서 평강+그리스도 안에 있는)(the peace <u>in Christ</u>) 밑줄 친 부분이 명사 peace를 꾸며주는 형용사구이다.

4. 예수님의 이름으로 in the name of Jesus

해설 "예수님의 이름으로 기도합니다"는 I pray in the name of Jesus.이다. in the name of Jesus는 동사 pray를 꾸며주는 부사구이다.

5. 주 안에서 (골2:6-7) in the Lord

해설 "우리는 주 안에서 평화롭다"는 We are peaceful in the Lord.이다. in the Lord 는 동사 are를 꾸며주는 부사구이다.

〈스페인 똘레도대성당〉

6. 영과 진리로 드리는 예배 (요4:23-24) the worship in spirit and truth

해설 영은 '신령'과 같다. in spirit and truth는 명사 worship을 꾸며주는 형용사구이다.

7. 야훼의 궤 앞에 엎드린 여호수아 (수7:6-13) Joshua fell facedown to the ground before the ark of the Lord.

> 단어 및 숙어 ark 명사 궤, 방주
>
> 해설 before the ark of the Lord는 명사 ground를 꾸미는 형용사구이다.

8. 주 안에서 승리하는 삶 (빌4:10-13) the victorious life in the Lord

> 단어 및 숙어 victorious 형용사 승리하는
>
> 해설 in the Lord는 형용사 victorious를 꾸며주는 부사구이다.

9. 성찬식을 통해 주시는 교훈 (고전11:23-29) the lesson through the Communion

> 단어 및 숙어 Communion 명사 성찬식
>
> 해설 through the Communion은 명사 lesson을 꾸며주는 형용사구이다.

10. 하나님이 함께 하는 사람 (사41:10) the person with God

> 해설 with God은 명사 person을 꾸며주는 형용사구이다.

11. 은혜로 사는 삶 (갈1:6-10) life with the grace of Christ

> 해설 with the grace of Christ는 명사 life를 꾸며주는 형용사구이다.

12. 주님과 함께 동행하는 삶 (출3:7-12) the life with the Lord

> 해설 with the Lord는 명사 life를 꾸며주는 형용사구이다.

17
수사의문문

중요포인트

■ 형태: 수사의문문이 들어간 문장

수사의문문이란? 형식은 의문문이지만 내용은 평서문과 같은 것으로서 끝부분을 내려서 읽는다. 내용을 강조하기 위해서 수사의문문으로 쓴다.

예문1 Who can do so? (누가 그것을 할 수 있느냐?)
=No one can do so. (아무도 할 수 없다.)

예문2 Who doesn't know the fact? (누가 그 사실을 모르겠느냐?)
=Everyone knows the fact. (모든 사람이 그 사실을 안다.)

예문3 Who knows? (누가 알겠어?)=Nobody knows. (아무도 모른다)=Only God knows.(하나님만이 아신다)

1. 이는 그리스도가 아니냐 (요4:25-30) Isn't this Christ?

해설 이분이 그리스도이다. This is Christ.라는 문장을 우선 부정문으로 바꾸면, This isn't Christ.(이분은 그리스도가 아니다)가 된다. 이 부정문을 다시 의문문으로 바꾸면, Isn't this Christ?가 된다. "이는 그리스도가 아니냐?"는 수사의문문으로서 "이분이 그리스도다"라는 뜻이다.

2. 사망의 몸에서 누가 건져내랴 (롬7:24-25) Who will rescue me from this body of death?

> 단어 및 숙어 rescue 동사 구조하다, 건지다

> 해설 body of death=of+추상명사는 '형용사'가 되므로 the dead body가 된다.
> 아무도 나를 이 사망의 몸에서 구할 수 없다. Nobody cannot rescue me from this body of death.

3. 누가 우리를 대적하리요 (롬8:31-37) Who can be against us?

> 해설 만일 하나님이 우리를 위하시면 누가 우리를 대적하리요(롬8:31)
> If God is for us, who can be against us?
> for는 우호적, against는 적대적을 나타낸다.
> 아무도 우리를 대적할 수 없다. Nobody can be against us.

4. 내가 어찌 너를 버리겠느냐 (호11:8-11) How can I give you up?

> 단어 및 숙어 give up 포기하다, 놓다, 버리다

> 해설 나는 너를 도저히 버릴 수 없다. I cannot possibly give you up.

5. 무엇으로 이 큰 사랑 다 갚으리오 (눅19:1-10) How can I repay this enormous love?

> 단어 및 숙어 repay 동사 갚다 / enormous 형용사 어마어마한, 엄청난, 거대한

> 해설 이 큰 사랑을 도저히 다 갚을 수 없다. I cannot possibly repay this enormous love.

18

관계부사의 용법

> ■ 형태: N+관계부사+S+V
>
> 예문 세나는 베네치아에 갔다. 그녀는 거기에서 친구를 만났다.
> Sena went to Venice. She met her friend there. 이 두 개의 문장을 관계부사를
> 사용하여 한 개로 만들어보자. Venice와 there는 같으므로 there 대신에 장소를
> 나타내는 관계부사 where를 넣어준다. Sena went to Venice where she met her
> friend.
>
> ■ 관계부사는 장소의 관계부사 where, 시간의 관계부사 when, 이유를 나타내는 why,
> 방법을 나타내는 how가 있다.
>
> ■ 관계부사를 생략할 수 있다.

1. 그리스도께서 다스리시는 평화의 나라 (사11:1-9) the country of peace where Christ governs

> 단어 및 숙어 govern 동사 지배하다, 다스리다
>
> 해설 2개의 문장으로 나눠보자. ① the country of peace ② Christ governs there.

2. 낙심하지 말아야 할 더 큰 이유 (고후5:1-21) the greater reason why we should not be in despair

단어 및 숙어 be in despair 절망에 빠지다

해설 why를 생략할 수 있다.

3. 예수님을 만난 곳 (요21:15-17) the place where we meet Jesus

4. 돌아갈 수 없는 고향 (마13:53-58) native home where we cannot come back

5. 주께서 더디 오시는 이유 (벧후3:1-13) the reason why the Lord comes slowly

해설 why를 생략하거나 the reason을 생략할 수 있다.

6. 내가 온 것은 (요10:7-15) the reason why I come

7. 성령님을 주시는 가장 중요한 이유 (행1:8) the most important reason why God gives us the Holy Spirit

8. 예수 그리스도가 다스리시는 왕국 (마4:17) the kingdom of heaven where Jesus Christ governs

9. 주님께서 거하시는 교회 (대하6:2-3, 18-21) the church where the Lord dwells (stays)

10. 복음을 위해 살아야 될 이유 (벧전2:9) 1) the reasons why we should live for the Bible 2) the reasons that we should live for the Lord

해설 관계부사 대신에 that을 쓸 수도 있다.

11. 예수 믿는 이유 (요3:16-17) the reason why we believe in Jesus

12. 항상 기뻐해야 할 이유 (빌4:4-7) the reason why we are always joyful

단어 및 숙어 be joyful 기뻐하다, 즐거워하다

13. 내가 살아가는 이유 (요17:1-8) the reason why I live

14. 여호수아가 정복할 수 없었던 곳 (수13:1-7) the land where Joshua could not conquer

단어 및 숙어 conquer 동사 정복하다

19

N + 주격관계대명사 + be동사

■ 2개의 문장을 관계대명사로 연결해서 1개의 문장으로 만들어보자.

[예] 나에게는 친구가 있다. I have a friend. 그는 런던에 산다. He lives in London.

위의 두 문장에서 a friend와 He는 같은 사람이므로 He를 삭제하고 He 대신에 who 또는 that이라는 관계대명사를 넣어서 하나의 문장으로 만들어보자.

I have a friend who(that) lives in London. 이 문장에서 관계대명사 바로 다음에 동사 lives가 왔다. 이렇게 바로 뒤에 동사가 오는 관계대명사를 주격관계대명사라고 한다.

주격관계대명사 바로 뒤에 일반동사가 오면 그 관계대명사는 생략될 수 없다. 그러나 바로 뒤에 be동사를 데리고 올 경우에는 그 주격관계대명사와 be동사는 둘 다 생략될 수도 있고 생략되지 않고 그대로 쓰일 때도 있다.

> 명사 + 주격관계대명사 + 일반동사
> 명사 + 주격관계대명사 + be동사 + p.p.
> 명사 + (주격관계대명사 + be동사) + p.p.

[예문1] I have a smart phone ✓ made in Korea.
(나는 한국에서 만든 스마트폰이 있다.) [that is가 생략됐다.]

[예문2] He received an email ✓ written in English.
(그는 영어로 쓰인 이메일을 받았다.) [that was가 생략됐다.]

예문3 The little dog has a name ✓ called 'milo.'
　　　(그 어린 강아지에게는 '마일로'라는 이름이 있다.) [that is가 생략됐다.]

예문4 Jonathan Swift said, "Tea is water ✓ bewitched."
　　　(조너던 스위프트가 말했다, "차(茶)란 마법에 걸린 물이다.") [that is가 생략됐다.]

1. 고난당하신 예수 (사53:1-9) Jesus that (who) was afflicted

> 단어 및 숙어 afflict 동사 괴롭히다 / be afflicted 괴로움을 당하다

2. 십자가에 죽으신 예수님 (눅23:44-49) Jesus that(who) was dead on the cross

3. 징계의 도구로 사용된 개구리 (출8:1-14) the frog that is used as a tool of punishment

> 단어 및 숙어 punish 동사 벌을 내리다 / punishment 명사 벌 / tool 명사 도구 /frog 명사 개구리

4. 반석 위에 세운 집 (마7:24-27) the house that is built on a rock

> 단어 및 숙어 build 동사 세우다 (build-built-built)
> 직역 반석 위에 세워진 집

5. 독수리에게 주신 하나님의 지혜 (요39:26-30) the wisdom of God that was given to the eagle

> 단어 및 숙어 give 동사 주다 (give-gave-given) / eagle 명사 독수리 / wisdom 명사 지혜 / wise 형용사 지혜로운
> 직역 독수리에게 주어진 하나님의 지혜

6. 칭찬받는 청지기의 삶 (벧전4:7-10) the life of a foreman that is praised

> **단어 및 숙어** foreman 명사 청지기 / praise 동사 칭찬하다, 찬양하다 / be praised 칭찬받다

7. 우리에게 주어진 기업 (엡1:13-14) the inheritance that was given to us

> **단어 및 숙어** inheritance 명사 유산, 기업

8. 영적으로 부요한 사람 (왕상18:36) the person that(who) is rich in spirit

9. 성령으로 잉태된 예수 (마1:18-23) Jesus that (who) was conceived by the Holy Spirit

> **단어 및 숙어** conceive 동사 잉태하다 / be conceived 잉태되다

10. 시대적 변화에 적응하는 삶 (벧전4:7-11) the lives that are accustomed to the changes of the age

> **단어 및 숙어** be accustomed to ~에 익숙하다

11. 착하고 충성된 자를 기뻐하시는 하나님 (히3:1-6) the God that(who) is glad to see the good and faithful person

12. 우물가에 핀 꽃 (잠5:15-23) the flower that was bloomed beside a well

> **단어 및 숙어** bloom 동사 피어나다 / well 명사 우물 / beside (prep) ~옆에

13. 수고하고 무거운 짐 (마11:28-30) things that are weary and burdened

> **단어 및 숙어** be weary 지치다, 수고하다 / burden 명사 짐 / be burdened 짐이 되다

14. 은혜를 받은 자여 ! 주께서 너와 함께 하시도다 (눅1:26-38) You who(that) are highly favored ! The Lord is with you.

> **단어 및 숙어** highly 형용사 매우 / be favored 호의를 받다

15. 그늘 속에 핀 꽃 (창45:1-15) the flower that was bloomed in the shades

> **단어 및 숙어** shade 명사 그늘

16. 그리스도와 함께 십자가에 못 박힌 자 (갈2:20-21) the person that was crucified on the cross with Christ

> **단어 및 숙어** crucify 동사 십자가에 못 박다 / be crucified 십자가에 못박히다

17. 과거, 현재, 미래 속에 역사하시는 하나님 (히13:1-17) God who(that) is in the past, present, and future

> **단어 및 숙어** be at work 역사(役事)하다

18. 꺼지게 할 수 없는 등불 (삼하21:15-17) the lamp that cannot be extinguished by us

> **단어 및 숙어** extinguish 동사 끄다 / be extinguished 꺼지다

19. 교회의 기둥이 될 자 (왕상7:21-22) the person that will be a pillar of a church

> **단어 및 숙어** pillar 명사 기둥

20. 빌립에게 나타난 복음의 능력 (행8:4-8) the power of the Gospel that was shown in Phillip

단어 및 숙어 show [동사] 보여주다, 나타나다 (show-showed-shown)

21. 복음의 빚을 진 자 (롬1:14-15) the one who is obligated to the gospel.

단어 및 숙어 be obligated to ~에게 빚지다

22. 성령에 들린 사람 (사2:2-5)(고전6:14-20)(마5:13-16) the person that(who) is possessed by the Holy Spirit

단어 및 숙어 be possessed by ~에게 사로잡히다

23. 세상 끝에 일어날 징조들 (마24:3-14) the signs that will be at the end of this world

단어 및 숙어 sign [명사] 징조, 증후

24. 짐진 자들아 (마11:28) all you who are burdened

직역 짐을 진 너희 모든 사람들아

25. 죽어도 사는 진리 (요11:11-14) the truth that is alive even though it is dead

단어 및 숙어 even though 비록~일지라도 / be alive 살아 있다. / be dead 죽어 있다.

26. 하나님께 쓰임받는 교회 (행11:19-30) the church that is used by God

27. 다양한 방법으로 응답되는 기도 (마21:18-22) prayers that are answered in various ways

단어 및 숙어 answer [동사] 응답하다 / be answered 응답받다

28. 건강하고 살아 있는 교회 (계1:9-20) churches that are healthy and alive

> 단어 및 숙어 | health 명사 건강 / healthy 형용사 건강한 / be healthy 건강하다

29. 응답받는 믿음의 4단계 (히11:1-2) the four steps of faith that are answered

30. 맥추절을 지키는 자의 네 가지 축복 (출23:16상) four blessings that are given to those who celebrate the feast of harvest

> 단어 및 숙어 | celebrate 동사 축하하다 / feast 명사 축제 / harvest 명사 추수, 수확 / the feast of harvest 맥추절
>
> 직역 | 맥추절을 지키는 자에게 주어지는 네 가지 축복

20 주격관계대명사 + be동사의 생략

> ■ 주격관계대명사 바로 다음에 오는 be동사는 주격관계대명사와 함께 생략될 수 있다.
>
> 예문 The delicious biscuits are baked in ovens (that are) located in the green countryside. (그 맛있는 비스켓은 초목이 우거진 시골에 위치한 오븐에서 구워진 것이다.)

1. 구원의 도구로 사용된 노아 (창5:29-29) Noah (that is) used as a tool of salvation

> 단어 및 숙어 salvation 명사 구원 / tool 명사 도구

2. 시냇가에 심은 나무 (시1:1-6) a tree (that is) planted by streams of water

> 단어 및 숙어 plant 동사 심다 / be planted 심겨지다 / stream 명사 시냇물

3. 위기 속에 핀 꽃 (수1:1-9) the flower (that is) bloomed in a crisis

> 단어 및 숙어 crisis 명사 위기 / bloom 동사 꽃이 피다

4. 네 가지 땅에 떨어진 씨 (눅8:5-11) the seeds (that were) fallen on the four kinds of ground

> **단어 및 숙어** kind 명사 종류 / fall 동사 떨어지다 (fall-fell-fallen)

5. 우리에게 주어진 책무 (창24:1) the responsibilities (that are) given to us

> **단어 및 숙어** responsibility 명사 책임 / be given 주어지다

6. 가득 찬 그물 (눅5:5-6) the nets (that are) filled with fish

> **단어 및 숙어** be filled with ~으로 가득 차다
>
> **직역** 물고기로 가득 찬 그물

7. 성령으로 잉태하신 예수 (마1:18-23) Jesus (that is) conceived from the Holy Spirit

> **단어 및 숙어** conceive 동사 잉태하다 / be conceived 잉태되다

8. 시련 속에 감추어진 승리의 비밀 (단6:5-24) the secret of victory (that is) hidden in the adversity

> **단어 및 숙어** secret 명사 비밀 / hide 동사 숨기다 (hide-hid-hidden) / be hidden 숨겨지다 / adversity 명사 역경, 고난, 시련

9. 밭에 감추인 보화의 비유 (마13:44) the parable of treasure (that is) hidden in a field

> **단어 및 숙어** parable 명사 우화, 비유 / treasure 명사 보물 / field 명사 들판, 밭

10. 쓸개 탄 포도주 (마27:33-37) wine (that is) mixed with gall

> **단어 및 숙어** gall 명사 쓸개 / mix 동사 섞다 / be mixed 섞여지다

21

N + 주격관계대명사 + 일반동사

■ 관계대명사 who, which, that 다음에 동사가 오면 그 관계대명사를 주격관계대명사라고 한다.

> (김복희. 『술술풀어가는 영어성경영문법-마태복음-』. 서울: 한국문화사, 2008. pp.93-115. 참조)

주격관계대명사+일반동사로 될 경우 관계대명사를 생략할 수 없다.!

예문1 This product has been made in a factory <u>which uses</u> nut ingredients.
(이 상품은 견과류 재료를 사용하는 공장에서 만들어져왔다)

예문2 Joseph understood God planned all <u>that</u> <u>had happened</u> to him for good.
(요셉은 하나님이 그에게 일어났던 모든 일을 영원히 계획하심을 이해했다.)

예문3 In the Sunday school classroom humor can serve to break the barrier <u>that</u> sometimes <u>exists</u> between teacher and class members.
(주일학교교실에서 유머란 교사와 학급학생들 사이에서 때로 존재하는 장벽을 깨뜨리는 데에 도움을 줄 수 있다.)

1. 여호와의 말씀에 순종하는 자 (신28:1-19) the one who obeys the Lord his God

---

단어 및 숙어 obey 동사 복종(순종)하다

직역 그의 하나님 주님에게 순종하는 자

2. 세상 이길 힘의 비밀 (시1:1-6) the secret of the power that wins the world

> **단어 및 숙어** win 동사 이기다 / secret 명사 비밀

3. 영원히 목마르지 않는 삶 (요4:11-14) the life that will never thirst

> **단어 및 숙어** thirst 동사 목마르다
>
> **직역** 결코 목마르지 않을 삶

4. 꿈을 이루는 성도 (창37:3-11) a church member that achieves his dream

> **단어 및 숙어** achieve 동사 성취하다, 이루다 / church member 성도

5. 나의 오른손을 잡으신 하나님 (사45:1-3) God that(who) takes hold of my right hand

> **단어 및 숙어** take hold of ~을 잡다

6. 자유를 주러 오신 예수 (요8:31-32) Jesus that(who) came to give us freedom

> **단어 및 숙어** come 오다 (come-came-come)

7. 절대절망을 극복하는 다윗의 믿음 (시42:5) David's faith that overcomes the worst desperation

> **단어 및 숙어** overcome 동사 극복하다 / bad 나쁜 (bad-worse-the worst) / worse 더 나쁜 / the worst 최악의 / desperation 명사 절망

8. 땅을 황폐화시키는 메뚜기 (출10:12-15) the locusts that destroy the earth

> 단어 및 숙어 locust 명사 메뚜기 / destroy 동사 파괴하다

9. 여호와를 찾는 자 (시34:1-22) the person that seeks the Lord

> 단어 및 숙어 seek 동사 찾다, 추구하다

10. 길이요 진리요 생명이신 예수님 (요14:1-6) Jesus that(who) is the way and the truth and the life

11. 하늘에서 내려온 살아있는 떡 (요6:47-58) the living bread that came down from heaven

12. 나를 보고 계시는 하나님 (전8:5) the God who looks at me.

> 단어 및 숙어 look at ～을 보다

13. 엘리야에게 식물을 제공한 까마귀 (왕상17:3-6) the ravens that give Elijah food

> 단어 및 숙어 raven 명사 까마귀 / feed 동사 먹이다.

14. 고치시는 하나님 (잠3:5-8) Jehovah Rappha (=the God who(that) heals)

15. 나의 얼굴을 빛나게 하는 친구 (잠27:17) the friend that(who) sharpens me

> 단어 및 숙어 sharpen 동사 빛나게 하다

16. 세상을 이기는 신앙 (히11:33-38) the faith that overcomes the world

17. 예수님을 사랑하는 성도 (요21:15-17) the church members who(that) love Jesus

18. 죄인을 부르러 오신 예수님 (마9:10-13) Jesus who(that) calls sinners

19. 눈을 열어주신 예수 그리스도 (사42:1-9)(요9:1-7) Jesus Christ who(that) opens eyes

20. 모든 것을 아시는 주님 (출3:7-8) the Lord who(that) knows everything.

21. 옥합을 깨뜨리는 신앙 (막14:3-9) the faith that breaks the alabaster jar

> **단어 및 숙어** alabaster jar 옥합

22. 중심을 보시는 하나님 (창4;1-8)(삼상16:7) the God who (that) looks at the heart

> **해설** 사람은 외모를 보거니와 나 여호와는 중심을 보느니라(삼상16:7)
> Man looks at the outward appearance, but the Lord looks at the heart.

23. 내 영혼을 기쁘시게 하시는 하나님 (시86:1-7) the God that(who) makes my soul happy

24. 날마다 우리 짐을 지시는 주님 (시68:19) the Lord that(who) daily bears our burdens

> **단어 및 숙어** bear 동사 짐을 지다 / daily (ad) 날마다

25. 방주를 예비하신 하나님 (창6:9-12) (삼상16:7) The God that(who) prepares for an ark

> **단어 및 숙어** ark 명사 방주

26. 세상에 구주로 오신 예수 그리스도 (요일4:13-15) Jesus Christ that (who) comes as a Savior of the world

> **단어 및 숙어** Savior 명사 구세주

27. 가난한 자를 보살피는 자 (시41:1-13) the person that (who) takes care of the poor

> **단어 및 숙어** take care of=look after ～를 돌보다, 보살피다

28. 언약궤를 따르는 신앙 (수3:1-3) the faith that follows the ark of the covenant

> **단어 및 숙어** ark 명사 방주 / covenant 명사 언약

29. 우리에게 오신 예수님 (사11:1-5) Jesus that (who) came to us

30. 병을 고치시는 예수 (마8:16-17) Jesus that (who) heals diseases

> **단어 및 숙어** heal 동사 치료하다, 고치다 / disease 명사 질병

31. 위기를 해결하는 지혜 (느4:7-14) the wisdom that solves a crisis

32. 영원히 목마르지 않는 생명의 떡 (요6:27-35) the bread of life that (which) will never be thirsty

33. 믿음으로 사는 사람 (히10:35-39) the person that (who) lives with faith

34. 사랑과 꿈을 먹고 자란 사람 (창37:1-11) the one who lives with love and a dream

35. 미래를 준비하는 지혜로운 청지기 (눅16:1-1) a wise foreman that (who) prepares for the future

36. 평화의 왕으로 오신 예수님 (눅2:10-14) Jesus that (who) comes as a king of peace

37. 빛으로 오신 예수님 (요1:1-18) Jesus that (who) came as a light

> **단어 및 숙어** come 오다 (come-came-come)

38. 예수님을 만난 사람 (행9:1-22) the person who (that) met Jesus

> **단어 및 숙어** meet 〔동사〕 만나다 (meet-met-met)

39. 상한 마음을 치료하시는 하나님 (시34:18-20) The Lord who heals the brokenhearted.

> **해설** '상한 마음'을 '상한 마음을 가진 자'로 바꾸면, 'the brokenhearted'가 된다. 'the+형용사'는 복수보통명사이므로 'the brokenhearted'는 'brokenhearted people'이 된다.

40. 내게 능력 주시는 자 안에서 내가 모든 것을 할 수 있느니라 (빌4:13) I can do everything through him who gives me strength.

> **단어 및 숙어** strong 〔형용사〕 힘이 센, 강한 / strength 〔명사〕 힘, 능력
> **직역** 나는 나에게 힘을 주시는 그를 통해서 모든 것을 할 수 있다.

41. 생사화복을 주관하시는 하나님 (삼상2:1-10) the God that (who) brings death and makes alive, sending poverty and wealth.

> **단어 및 숙어** poverty 〔명사〕 가난, 빈곤 / poor 〔형용사〕 가난한
>
> **직역** 빈곤과 부를 보내면서, 죽음을 가져오고 살리기도 하는 하나님

42. 목마르지 않은 생수 예수님 (요4:13-14) Jesus, the living water that will never thirst

> **단어 및 숙어** living water 생수 / thirst 〔동사〕 목이 마르다

43. 여호와를 경외하는 자 (잠14:26-27) He who fears the Lord

> **단어 및 숙어** fear 〔동사〕 두려워하다

44. 침노당하는 천국 (마11:12) heaven that has been forcefully advancing

> **단어 및 숙어** forcefully (ad) 강력하게 / advance 〔동사〕 진출하다, 나아가다, 전진하다

45. 나사로를 살리신 주 예수 그리스도 (요11:32-40) The Lord, Jesus Christ, that (who) raises Lazarus

> **단어 및 숙어** raise 〔동사〕 부활시키다, 다시 살아나다
>
> **성경해설** Lazarus의 어원은 '하나님께서 도우셨다'

〈나사로의 무덤〉

46. 이 땅에 오신 예수 (요1:6-14) Jesus who came to this earth

> **해설** 이 문장은 명사를 꾸며주는 현재분사(...ing)를 사용해서 다음과 같이 간단하게 쓸 수도 있다. Jesus coming to this earth (coming to this earth는 Jesus를 꾸며준다.

47. 자기 자신을 아는 사람 (롬1:1-7) The person who knows himself

48. 복음으로 사는 사람들 (롬1:16-17) The people who live with gospel

49. 약속을 지키시는 하나님 (롬4:18-25) the God who keeps promise

> **단어 및 숙어** keep promise 약속을 지키다

50. 열매 맺는 삶 (요15:1-8) Life that bears fruits

> **단어 및 숙어** bear **동사** 열매를 맺다

51. 하늘 문이 열리는 기도 (왕상18:41-46) prayer that makes the heaven's gate open

52. 하나님을 기쁘게 한 것 (빌4:17-20) Things (that) make the God happy

53. 모세를 사용하신 하나님 (행7:35-36) The God who (that) uses Moses

54. 나는 너희를 치료하는 여호와임이라 (출15:22-26) I am the God that (who) heals you.

> **성경해설** 여호와 라파=Jehovah Rappah =치료하시는 하나님

55. 변화를 주는 생수 (요4:13-15) the living water that gives us changes

56. 세월을 아끼는 지혜 (엡5:15-18) the wisdom that makes the most of every opportunities

57. 꿈과 희망을 주시는 하나님 (창37:5-11) God who (that) gives us vision and hope

58. 대재앙을 만난 사람 (욥2:11-13) the person who meets the greatest disaster

> **단어 및 숙어** disaster 명사 재난

59. 양들을 위해 목숨 버리신 주님 (요10:17-18) the Lord that gives up his life for the sheep

> **단어 및 숙어** sheep 양떼 / give up 포기하다

60. 만민을 구원하시는 주님 (사55:1-4)(고전9:19-23)(눅14:16-24) the Lord that (who) delivers all the people

> **단어 및 숙어** deliver 동사 구원하다, 배달하다

61. 아브라함을 부르시는 하나님 (창12:1-9) the God that (who) calls Abraham

62. 하나님의 음성을 들은 물고기 (욘2:1-10)

　　1) the fish that listened to God's cry (NIV)

　　2) the fish that heard God (NLT)

> **단어 및 숙어** listen to ~에 경청하다, 귀를 기울이다. / hear 동사 듣다
> (hear-heard-heard)

63. 영원히 함께 하시는 하나님 (시23:6) the God that (who) will dwell in the house of the Lord forever

단어 및 숙어 dwell 동사 거주하다, 살다

직역 주님의 집에서 영원히 살 하나님

64. 넉넉히 이김을 주신 하나님 (롬8:35-39) We are more than conquerors through God

단어 및 숙어 conquer 동사 정복하다 / conqueror 명사 정복자

직역 그를 통하여 우리를 정복자 이상으로 만들어주시는 하나님

65. 자기를 정복하신 예수님 (막1:35-39) Jesus that (who) conquers Himself

66. 죄와 사망의 법을 이기신 부활 (롬8:1-2) the resurrection that set us free from the law of sin and death

단어 및 숙어 resurrection 명사 부활 / set free 자유롭게 하다

67. 아낌없이 주시는 하나님 (롬8:32) the God that (who) does not spare his own Son, but gives him up for us

단어 및 숙어 spare 동사 아끼다 / give up 포기하다

직역 자기 자신의 아들을 아끼지 않고 우리를 위하여 그를 포기하시는 하나님

68. 아버지를 떠난 탕자 (눅15:11-24) the lost son that (who) left his father

단어 및 숙어 the lost son 탕자 / lose 동사 잃어버리다 (lose-lost-lost) / leave 동사 떠나다 (leave-left-left)

직역 그의 아버지를 떠났던 잃어버린 아들

69. 순서를 아는 지혜 (마6:25-34) the wisdom that knows the order

단어 및 숙어 order 명사 순서, 질서 / wisdom 명사 지혜 / wise 형용사 지혜로운

70. 부요하게 하시는 하나님 (고후8:9-10) the God that (who) makes us rich

71. 장애우를 사랑하시는 예수님 (막10:46-52) Jesus that (who) loves the disabled

> 단어 및 숙어 disabled 형용사 능력이 없는, 장애를 지닌 / the disabled=disabled people=장애인들, 재활인들

72. 고난에서 일어난 사람 (욥1:20-22) the person that (who) overcomes suffering

> 직역 고난을 극복한 사람

73. 영혼을 사랑하는 교회 (딤후4:1-5) the church that loves soul

74. 돌아온 아들 (눅15:11-32) the son that (who) came back

> 단어 및 숙어 come back 돌아오다

75. 십자가에서 내려오실 수 없었던 예수님 (마27:32-44) Jesus that (who) could not come down from the cross

76. 성탄을 예비한 사람 (눅2:8-40) the person who prepares for Christmas

77. 니느웨를 경고한 나훔 (나1:7-15) Nahum that (who) warns Nineveh

> 단어 및 숙어 warn 동사 경고하다
>
> 성경해설 Nineveh [nínəvei]는 앗수르의 영광을 상징하는 도시로서 하나님의 심판이 선언되었던 앗수르의 수도로 요나가 보냄을 받았던 곳이다. 어원은 '합의'이다.

78. 주의 이름으로 오시는 이 (마21:1-9) He that (who) comes in the name of the Lord

79. 귀신들을 쫓아내신 예수님 (마8:28-34) Jesus that (who) drove out the demons

<table>
<tr><td>단어 및 숙어</td><td>demon</td><td>명사</td><td>귀신 / drive out 쫓아내다</td></tr>
</table>

80. 십자가가 있는 사람 (갈2:20) the person that (who) has a cross

22

N + 목적격관계대명사 + S + V

■ 관계대명사 다음에 주어(S)+동사(V)가 오면 그 관계대명사는 목적격이다.

N + 관계대명사 + S + V

예문1 Give us the food <u>that</u> we need today.
(오늘 우리가 필요한 음식을 주세요)
[선행사인 명사는 the food, 관계대명사는 that인데 that 다음에 주어+동사가 왔으므로 목적격관계대명사이다.]

예문2 The church people shared food and everything else <u>that</u> they had.
(교인들은 가지고 있는 음식과 모든 것을 나누었다.)
[선행사는 food and everything, that은 목적격관계대명사이다.]

● 그런데, 목적격관계대명사는 생략할 수 있다.
목적격관계대명사 다음에는 반드시 S와 V가 온다. 이 때 목적격관계대명사 that은 생략될 수 있다. that 대신에 which가 올 경우도 있는데 이 때 which도 목적격이므로 생략될 수 있다. 그러나 선행사 바로 앞에 <u>서수, 최상급, the only, the very, all, no, the same 등이 올 때는 반드시 관계대명사 that을 사용해야만 한다.</u>

예문1 All ✓ Mary could do was to say, "I have seen the Lord."
(마리아가 할 수 있는 모든 것은 "내가 주님을 뵈었다."라고 말하는 것이었다.)
[all과 Mary 사이에 목적격관계대명사 that이 생략됐다.]

예문2 The people did not understand the kind of salvation ✓ Jesus was bringing.
(사람들은 예수님이 가져 온 종류의 구원을 이해하지 않았다.)

[salvation과 Jesus 사이에 목적격관계대명사 that이 생략됐다.]

예문3 She wants to spread the joy ✓ she has found in Jesus.
(그녀는 예수님에게서 찾았던 기쁨을 확산시키고 싶어한다.)
[joy와 she 사이에 목적격관계대명사 that이 생략됐다.]

예문4 They joyfully told everyone about the things ✓ they had seen and heard.
(그들은 본 것과 들은 것들에 대해서 모든 사람에게 즐겁게 말했다.)
[things와 they 사이에는 목적격관계대명사 that이 생략됐다.]

1. 주님이 찾으시는 직분자 (행7:54-8:13)

1) the person whom the Lord looks for

2) the person the Lord looks for

3) the person that the Lord looks for

4) the person for whom the Lord looks

단어 및 숙어 look for ~을 찾다

해설 관계대명사는 whom 대신 that을 사용해도 된다. / 전치사 for는 관계대명사 whom앞에 와도 된다.

2. 하나님이 기뻐하시는 교회 (행13:1-3) the church (that) God is pleased with

3. 간음한 여인과 바리새인들이 주는 영적 교훈 (요8:3-6) the spiritual lesson (that) the woman in adultery and Pharisees give us

단어 및 숙어 spiritual 형용사 영적인 / adultery 명사 간음 / Pharisee 명사 바리새인

4. 부르짖는 기도 (렘33:3) the prayer (that) we call

5. 바울이 주야로 간구한 것 (살전3:10-13) things (that) Paul prays day and night

단어 및 숙어 day and night 주야로, 밤낮으로

6. 예수님께서 주시는 세 가지 선물 (눅24:30-53) the three gifts (that) Jesus gives us

7. 내가 만난 예수 (요5:1-9) Jesus (that) I met
단어 및 숙어 meet 동사 만나다 (meet-met-met)

8. 기쁨이 주는 힘 (살전5:12-18) strength (that) joy gives us

9. 위대한 사람들이 만드는 나라 (수1:12-18) the country (that) great men make

10. 예수님이 당하신 십자가의 고난의 영적의미 (마27:46) the spiritual meaning of the sufferings of the cross (that) Jesus took
단어 및 숙어 take 동사 택하다 (take-took-taken)

11. 이사야가 본 예수 (사9:6-7) Jesus (that) Isaiah met

12. 하나님이 받으시는 예배 (롬12:1-2, 4:23-24) the worship (that) God receives

13. 예수님께서 하신 일 (신17:14-20) the thing (that) Jesus did

14. 아브라함이 만난 하나님 (창12:1-5) the God (that) Abraham met

15. 성령께서 오신 목적 (요16:7-14)(행1:6-8) the purpose (that) the Holy Spirit comes

16. 그리스도인이 맺는 성령의 열매 (히12:1-3)(갈5:22-24)(고전13:1-8) the fruit of the Holy Spirit (that) Christians bear

> **단어 및 숙어** bear 〔동사〕 열매맺다

17. 하나님이 쓰시는 보배로운 질그릇 (고후4:6-7) the treasure in jars of clay (that) God uses

> **단어 및 숙어** treasure 〔명사〕 보배, 보물 / clay 〔명사〕 진흙

18. 하나님이 열납하시는 예배 (요4:23-24) the worship (that) God accepts

19. 하나님이 허락하신 고통의 가시 (고후12:7-10) the thorn of suffering (that) God gives us

> **단어 및 숙어** thorn 〔명사〕 가시

20. 아브라함이 주는 영적교훈들 (창12:1-5) the spiritual lessons (that) Abraham offers

> **단어 및 숙어** offer 〔동사〕 제공하다, 주다

21. 하나님이 찾는 사람 (요4:23-23) the kind of worshippers (that) the Father seeks

> **단어 및 숙어** kind 〔명사〕 종류 / worshipper 예배드리는 사람 / seek 〔동사〕 추구하다

22. 원치 않는 두 가지 풍랑 (눅8:22-39) two winds and raging waters (that) we don't want

> **단어 및 숙어** raging 〔형용사〕 요동치는

23. 하나님의 선택을 받은 교회 (살전1:4-10) the church (that) God chooses

24. 자유인이 누리는 행복 (눅19:1-10) the happiness (that) a free man has

25. 성령님이 깨우쳐 주시는 은혜 (요16:7-13) the grace (that) the Holy Spirit makes us realize

> 단어 및 숙어 grace 명사 은혜 / realize 동사 깨닫다

26. 성령님이 주시는 축복 (겔11:14-21) the blessing (that) the Holy Spirit offers to us

> 단어 및 숙어 offer 동사 제공하다

27. 주님이 차려주시는 잔치상 (시23:1-6) the table (that) the Lord prepares before me

> 직역 주님이 내 앞에 준비해주시는 식탁

28. 역경과 고통이 주는 교훈 (전7:11-14) the lesson (that) disaster and suffering give us

> 단어 및 숙어 disaster 명사 재난, 역경

29. 잃어버리면 안 되는 것 (계2:1-7) things (that) we should not lose

30. 나오미와 룻이 주는 교훈 (룻1:1-5) the lesson (that) Naomi and Ruth give us

31. 주께서 우리에게 주신 것 (고후9:8) things (that) God has given us

32. 성령님이 주시는 꿈 (행2:17-21) the dream (that) the Holy Spirit gives us

33. 구약의 3대 절기가 주는 교훈 (신16:16-17) the lesson that three feasts in the Old Testament give us

> **성경해설** 이스라엘의 3대 절기는 ①무교절(the Feast of Unleavened Bread)(일명 유월절 Passover) ②맥추절(the Feast of Harvest)(일명 오순절 Pentecostal) ③수장절(the Feast of Ingathering)(일명 초막절) (김복희『술술풀어가는 영어성경 영문법-요한복음』pp. 247-48 참고)

34. 예수님께서 당하신 3대 고난 (마26:37-43) three sufferings (that) Jesus had

35. 고난이 주는 축복 (약1:2-4) the blessings (that) trials of many kinds offer

> **단어 및 숙어** kind 명사 종류 / trial 명사 시련, 고난
> **직역** 많은 종류의 시련이 제공하는 축복

36. 주께서 기뻐하시는 감사 (레23:41-44) thanks (that) the Lord will be pleased

37. 우리가 사는 목적 (요15:7-12) the purpose (that) we live for

> **해설** for는 목적을 나타내는 전치사이다.

38. 부끄러워해서는 안 될 복음 (롬1:16-17) the gospel (that) we should not be ashamed of

> **단어 및 숙어** be ashamed of ~을 부끄러워하다

39. 요나가 만난 하나님 (욘4:1-11) the God (that) Jonah met

40. 자랑해야 될 십자가의 능력 (고전1:18) **the power of cross (that) we should be proud of**

> 단어 및 숙어 be proud of ~을 자랑스러워하다
>
> 예문 I am very proud of Haeryung, Seoryeong and Hyunsoo. (나는 해령, 서령 그리고 현수가 매우 자랑스럽다)

41. 가을이 주는 교훈 (갈6:7-9) **the lesson (that) autumn offers**

> 해설 미국의 가을은 fall, 영국의 가을은 autumn이다.

42. 예수님과 함께 하는 기적변화 (요2:1-11) **the miracles and changes (that) Jesus showed**

> 직역 예수님이 행하신(보여주신) 기적과 변화

43. 우리가 믿는 하나님 (롬4:17-25) **the God (that) we believe in**

> 단어 및 숙어 believe in ~의 존재를 믿다

44. 우리에게 주신 복음의 축복 (롬16:21-27) **the blessings of the Gospel (that) God gives us**

45. 범사에 해야 할 것 (살전5:18) **things (that) we should do in all circumstances**

46. 이 시대가 필요로 하는 사람 (마8:5-13) **the person (that) this age needs**

47. 하나님께 감사해야 할 이유 (시50:22-23) **reasons (that) we should thank God**

48. 솔로몬이 입은 은혜 (왕상3:4-15) **the blessings (that) Solomon got**

49. 순종이 낳은 기적 (왕하4:1-7) the miracles (that) obedience bears

50. (내가) 사랑하는 아들 (마3:16-17) my Son (that) I love

■ 참고문헌(Bibliography)

[국내서적]

강낙중. 「영어식 사고 & 영어식 표현」. 서울: 쓰리라이프, 2005.

강병도 편. 「빅 라이프성경」. 서울: 기독지혜사, 1996.

개역개정판 「만나성경」. 서울: 성서원, 2006.

김복희. 「Upgrade영문법:기초에서 토익토플까지」. 서울: 한국문화사, 2004.

_____. 「술술풀어가는 영어성경영문법-마태복음-」. 서울: 한국문화사, 2008.

_____. 「교회실용영어」. 서울: 한국문화사, 2010.

_____. 「술술풀어가는 영어성경영문법-요한복음-」. 서울: 한국문화사, 2011.

_____. 「술술풀어가는 영어성경영문법-옥중서신-」. 서울: 한국문화사, 2012.

_____. 「술술풀어가는 영어성경영문법-마가복음-」. 서울: 한국문화사, 2013.

_____. 「술술풀어가는 영어성경영문법-야고보서, 벧전후서-」. 서울: 한국문화사, 2014.

_____. 「술술풀어가는 영어성경영문법-로마서-」. 서울: 한국문화사, 2015.

김원중. 「통찰력 사전」. 서울: 글항아리, 2009.

김의원 편. 「NIV 한영해설성경」. 서울: 성서원, 2006.

김희수. 「신학영어」. 서울: 기독교문서선교회, 1996.

라원기. 라원준. 「영어성경 사전 없이 읽기」. 서울: 학사원, 2004.

류태영. 「이스라엘 바로알기」. 서울: 제네시스, 2006.

안준호. 「10일간의 성지순례」. 서울: 열린책들, 1994.

이용태. 「영어성경으로 영어를 마스터하자」. 서울: 프리셉트, 1998.

이종성 편. 「Big 베스트성경」. 서울: 성서원, 1999.

_____. 「뉴만나성경」. 서울: 성서원, 2000.

이희철. 「지리로 본 성서의 세계」. 서울: 생명의말씀사, 1997.

[국외서적]

NLT Explanation Bible. Seoul: Agape Publishing Co., 2009.

The Holy Bible: New International Version. Colorado Springs: International Bible Society, 1984.

The Holy Bible: New International Version: The New Testament. Michigan: Grand Rapids, 1973.

[번역서]

Briscoe, Jill, McIntyre K, Laurie & Seversen, Beth. *Designing Effective Women's Ministries*. 천영숙, 김복희 옮김. 「여성사역자를 깨워라」. 서울: 이레서원, 2001.

Jenkins, Simon. *Bible Mapbook*. 박현덕 옮김. 「성경과 함께 보는 지도」. 서울: 목회자료사, 1991.

生田 哲. *はやわかり せいしょう*. 김수진 옮김. 「하룻밤에 읽는 성서」. 서울: 랜덤 하우 스, 2007.